047

夢に夢中

竹市 靖公

ブロンコビリー創業者（名誉会長）

中経マイウェイ新書

目次

はじめに

ブロンコビリーは２０１８（平成30）年、創業40周年を迎えました。外食業界の競争が依然厳しい中で、同年12月期の売上高は２２４億３２００万円、営業利益率は10パーセントを超え、全国の外食チェーンでも指折りの高収益率を維持しています。営業エリアは関東や関西にも広がり、店舗数は１３５店（同年同月末の時点）まで拡大しました。

さて、私の社会人生活は、大阪の靴小売店での住み込みからスタートしました。そのころは「20年後に従業員１００人規模の会社を設立したい」という夢を抱いていました。ただ、ステーキレストランを経営することは考えていませんでした。

当時の知人からは「そんな夢、かないっこない」と、思われていたでしょう。しかし、当社は現在、従業員500人規模に達しました。19（平成31）年4月には127人の新卒社員が入社し、若い社員が増える中でさらに足元を固める時期に来ています。

今振り返ってみますと、目標を持って努力を続けてきたことが、結果につながったのだと思います。会社の成長を実感するたびに、支えてきてくれた方々に対して感謝の気持ちを強くするようになりました。

ただ、これまでの道のりは決して平たんではありませんでした。BSE（牛海綿状脳症）問題があった01（平成13）年には、借入金が38億円にまで膨らみ、倒産の危機に直面しました。もう必死でした。

当時の私を知る社員からは、現在でも「あの時のど真剣な、こわばった表情の社長を見るのが怖かった」と言われます。

そこから立ち上がるまでに、さまざまな人との出会いがありました。自分や会社がここまでやってこられたのも、出会った人たちのおかげです。自分はたいした人間ではありませんが、人一倍いろいろな経験をさせてもらいました。

その体験をお伝えし、少しでも読者の皆さまのお役に立てるなら幸いに存じます。

筆者近影

ふだんは優しいが…

両親が商売をしていたので、子どものころ、祖父母と過ごす時間が多かったようです。靖公（やすひろ）という名前から〝やっさ、やっさ〟の愛称で祖父母に呼ばれ、かわいがられていたことを覚えています。

夜に何かいたずらをして母に怒られ、玄関から追い出された際に、祖父がよく家の中に入れてくれました。後に、父を怒らせて家出した時は、祖父母の家にお世話になり、毎月小遣いをもらいながら、暮らしていたこともありました。

ふだんは優しかったのですが、いったん怒ると恐怖で震えるほど。今でも鮮明に覚えているのは、祖母に怒られたことです。

一つ目は小学1年の時。正月にもらったお年玉を自分の金だと思って、全部使い込んでしまいました。それを知った祖母は、鶏の餌を切る際に使う包丁を持って、逃げる私の後を追いかけてきました。必死で逃げ回りました。自分もそんなに足が速いわけではないがその時だけはかなり速く、追っかけてきて「待て〜、こら〜」と、後ろから祖母の声が聞こえてきます。捕まらなくても、その姿を見ただけで、生きた心地がしませんでした。結局、近くの町内を1周してしまいました。

二つ目は、小学4年の時です。何を言ったのか覚えていませんが、反抗期のためか口が滑って何か生意気なことを言ってしまったのでしょう。祖母は熟睡している私に馬乗りになり、私の顔を殴り続けたこともありました。

しかし、母はもっと怖い存在でした。友達とけんかして泣いて帰ると、「やられたらやり返してきなさい」と叱られます。年上相手でもこのように言われるため、外でいったん泣きやんでから何もなかった振りをして、家に帰るようにしました。

これについては、母が小中学時代に級長（現在の学級委員）を務め、勉強も運動もできたそうです。そのため、ほとんどの教科が「甲」と学業成績が良かったこともあり、自分と比べてわが子が歯がゆかったと思います。1年生の時、母の期待通りに宿題ができないと、問題集を破られたり、ロープで体ごと机に縛られたり、問題集はのりで貼り付けて提出しました。現在だと「児童虐待」と非難されるかもしれません。このようなことでも成長できたと思い、母には感謝しています。

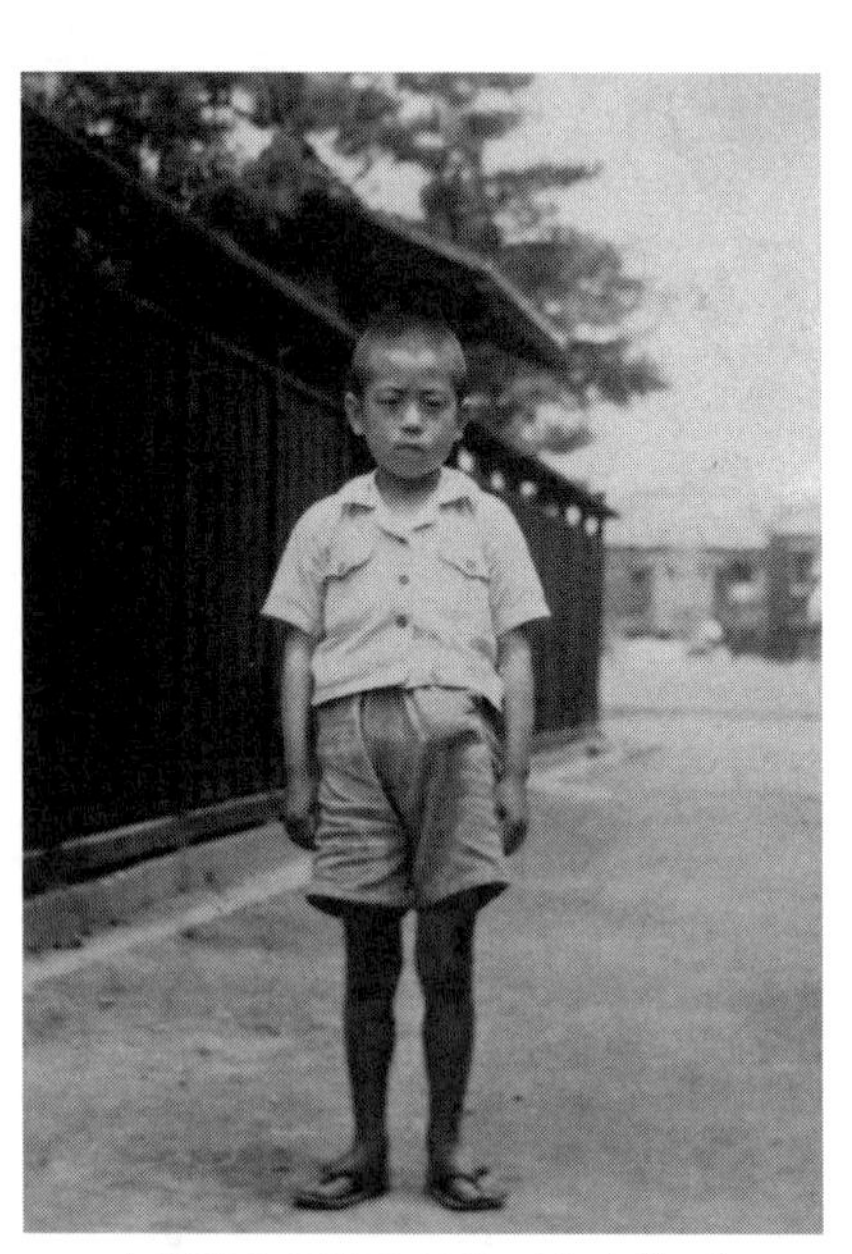

小学校３年生のころ（自宅前で）

学校での勉強

子どものころ、校内のマラソン大会では３００人中20位前後に入っていましたが、短距離はそれほど速くありませんでした。小学生の時は運動会のかけっこでは毎回びり。見かねた母がある日「『よーい』と言われたら旗を振り下ろす前に走りなさい」と助言してくれました。

結局3位以内には入れなかったのですが、母は「よくやった」と言ってくれました。

また、中学ではマット運動が苦手で人よりも上手くできませんでした。

勉強面で小学生の時は、クラスで成績が上から15番くらい、中学の時は、上から5番くらいであり、どこにでもいる平凡な子どもでした。

進学については、両親が商売をしていたこともあり、小学4年のころから

「愛知県立愛知商業高校（愛商）に行け」と周囲に言われ、何となく自分でも「高校は愛商に」と思っていました。

中学の時は少し努力して成績もまずまずだったので、愛商に合格できました。しかし、勉強をあまりしない時期があり、授業が終わると、誘いにきた友達とそのまま遊びに出掛ける日々。数学や国語の成績はまずまずでしたが、英語と簿記は赤点を取ったこともありました。

これについては、30歳で結婚式を挙げ、「竹市君の高校時代は成績優秀で…」と紹介された際に、前列に座っていた高校の同窓生らが一斉に吹き出して笑われました。実際の成績は真ん中ぐらいなのに、仲人さんがオーバーにほめたからです。

愛商では、東海銀行（現・三菱ＵＦＪ銀行）、三菱電機など大手企業に就職する同級生が多く、中には日本で2人までしか入れないという日本銀行に勤めた同級生もいます。

当時は中卒か高卒で就職する人が大半で、大学に進学をする人はあまりいませんでした。後に大卒が重視される時代が来たのですが、私は自分で会社を創業したので、10、20年後に目標を設定して努力しようと思いました。後にそれが志（目標）を持って生きることになり、高校時代に悔しいことがあったことが目標を立てることにつながったと思います。学歴の壁には当たらず、自分で目標を立て考えて解決することで前に進むことができました。

学校時代は不得意な科目も勉強しなければいけないが、社会では得意なことや好きなことで生きていけるため、絶対成功しようと思いました。

中学１年生のころ（母、２人の妹と）

社会人デビュー

高校卒業後、父の紹介で大阪・大国町で大変繁盛していた靴小売店「トミヤマシューズ」に住み込みで働くことになりました。父とトミヤマはまったく関係がなかったのですが、仕事のため大阪に出張することがあり、その20年ほどは行くたびに、成長しているトミヤマを見て驚いていました。今思うと私にとっては幸運でした。

父は仕入れ先に私の丁稚奉公をお願いすることもできましたが、それをしませんでした。仕入れ先や取引先に子どもを奉公させると、その子どもはたいてい特別扱いされることになります。奉公した後に、父の仕事を継いだ同級生もいましたが、失敗する人も結構いました。

「自分より優秀な人が、なぜ経営者になった途端にだめになったのか」――。

ずっと考えていましたが、入社して自分から努力をしないと、仕事を学ぶ機会を失ってしまうのではないかと考えます。自分は人より2倍努力し、働き、頭を使い、本を読む。みなさんに可愛がられようと思い努力しました。そんな経験をしていると、人間のいろいろな顔が見えてくるし、商売の感覚が身についてきます。

このように一番下の立場で苦労し、上を見て働くことによって、多くのことを学ぶことができました。経営に失敗した友人は、きっと丁稚奉公先でこうしたことを学べずに経営者になったのだと思っています。

だから、父にはとても感謝しています。約3年半の間、商売の基本を学べたのは父のおかげです。

また、大学は入学していませんが、大阪で住み込みをしていたので、後に2人の息子には「お父さんは大阪社会人大学を卒業した」と言っていました。長男はその意味を理解していましたが、次男に私が高卒だと言ったら「お父さんは大阪社会人大学を卒業している」と言う、そんな次男を長男は笑っていました。

このころが人生で最もよく働き、考え努力した無我夢中の時期でした。若いころは必死に取り組む経験が必要だと思います。

「高校では一生懸命勉強しなかったけど、社会人になったら働く、生きる、学ぶ、努力することを人の１・５～２倍頑張ろう」と決意しました。完全燃焼して将来は商売で成功してやろう、という気持ちを強く持っていました。

高校生時代の私

大阪での修業時代

当時、トミヤマシューズは急成長していて、業界での売り上げが全国で2番になったこともありました。店は大阪の名所のひとつ、通天閣の近くにありました。私が入った年末は来客が多すぎたため、シャッターを開けて10人入れたらシャッターを閉め、お客さまがある程度帰ったら、またシャッターを開けてお客さまを入れることを繰り返していました。

このトミヤマは現金で大量に靴を仕入れて安く売る「薄利多売」をしており、「とにかく安くて、高品質な靴を売る」ということで人気がありました。

ある暑い日のことです。店員が外で水をまいていたらお客さまに水をかけてしまい、「こんな店、2度と来るものか」と言われましたが、3日経ってから、そのお客さまが来店することもありました。

また、ある雨の日には店内に長靴を並べると、すぐに売れて補充するたび完売してしまうこともあり、これらを見て、「相手が喜ぶことをすれば、商売はうまくいく」と気付きました。

とにかく、そんな調子なので毎日忙しくしていました。仕事は午前9時に始まりますが、前日発注した商品が午前6時に着きますので、5時半には自然と目が覚めます。大阪では「働く」というより「修業」に来た覚悟で誰よりも早くから働き、自分の人生を変えるつもりで過ごしました。

この仕事では倉庫番、発注業務、売り場での接客など何でもやりました。そのうちにトミヤマで扱っている靴の種類、仕入れ値、売価など全部覚えてしまい、欠品しているサイズの何百種類まで覚えて、荷造りも得意になったのです。

この時代は、今みたいにエアコンが当たり前ではなかったので夏になると、着ているシャツが汗でビショビショに濡れました。床屋に行く時は、塩が噴き出て、汗と汚れでひどい恰好でしたのでまず頭や体を洗ってから。そうしないと、床屋さんが困ってしまいます。おかげで体重は3年半の間で50キロになりました。

それだけ一生懸命に働くと周囲からかわいがってもらえるし、働いている人に頼りにされました。

このように一番下の立場だったので、上司の働きぶりもよく見え、上司の性格やさぼっていることも、すぐに見抜けます。上司は複数の部下を管理しますが、部下は所属する上司の性格、人間性、信頼できる人か優しさのある人かどうかを見抜いてしまいます。信頼を得るほうが難しいため、部下が苦しんでいる時、どういう風に力になってあげるかが大切か学び、経営者になってからは部下の気持ちを持って発言しようと思いました。

トミヤマシューズは通天閣の近くにあった（共同通信社）

下宿生活

住み込みの生活でも、いろいろな思い出があります。最初の住まいは小さなアパートの2人部屋から始まりました。

社長は女性で、一代でトミヤマシューズを創業した人。本当に商売のことを考え、立派に経営をしていました。その息子であった専務は新しい時代の経営者といった人で、公私にわたり優しく教えていただきました。

また専務はその時々で趣味が変わり、ある時は卓球に熱中し、仕事が終わると深夜2時過ぎまでやるのですが、ほかの人はみんな帰ってしまいます。住み込みの私は、当時卓球場の2階で寝泊りしていたので、最後までお付き合いをしなければなりませんでした。それから寝て、翌日午前6時30分には起きなくてはいけないので大変でした。

専務は一時期、重量挙げにも入れ込み、近所の同じ趣味の人たちと集まって、深夜までやっていました。これもまた2階で寝泊りしていたことから毎日付き合っていました。

ある日、バーベルを上げる際に尻に力が入って、ズボンとパンツが破れてしまいました。ほかに履くものがなかったので、夜中に裁縫して朝出勤した日のことは、鮮明に覚えています。

その他に、専務には有名なステーキハウス「羅生門」で、ステーキをごちそうになったこともあります。値段は3千円。当時私の月給が1万円でしたから、それはもう大変なものです。今まで食べたこともないほど柔らかい肉で、本当に舌鼓を打ちました。この時はジャーがなく、大阪では毎朝冷飯に熱いお茶をかけて食べていました。

しかし、ごちそうのステーキから帰ってきたら扉に鍵がかかっていて、せっかく幸福な時間を過ごしたのに、その夜は近くの公園で野宿する羽目になりました。後に2階にいる社長がシャッターを閉めてしまった、と分かりました。

今振り返ると、無茶苦茶なこともあったけれど、楽しかったです。

楽しかった大阪での生活（写真は観光スポットの道頓堀、共同通信社）

会社経営とは

3年半勤めたトミヤマですが、わずか100平方メートルの店舗なのに、薄利多売によって成長できたのにはそれなりの理由がありました。

客数が多く、靴はよく売れていくのですが、中には1週間経っても売れないものもあります。すると売れ残った商品をすぐ値下げします。私は専務に

「一生懸命販売しているのだから、そこまで値下げしなくても、いいのではないですか」

と言いました。専務から「うちは狭い店だから、いかに商品の回転率を高めるかが勝負だ」と聞きましたが、この時は良くわかりませんでした。

当時、靴とか履物が貴重品で遠くからたくさんのお客さまが来店していました。現金仕入れで大量に買うので、自然とよく売れる良い商品がトミヤマに集

まるということになります。

また、オペレーションの面でも効率的でした。在庫品を2階に置き、1階の売り場で商品が少なくなると、店員がマイクで店内放送し、2階にある商品をすぐに1階の売り場に補充。さらに、店舗から少し離れた場所には倉庫もありました。だから、お客さまが欲しい商品はすぐに店頭に並べられ、お値打ちに提供されるのです。

そして、社長の人間に対する鋭い洞察力にも驚きました。トミヤマには毎日、銀行員が来て集金するのですが、「あの人は信用できない」と言われていた銀行員がいました。ある日、その銀行員が集金するためにお札を数えていた時、社長が「1枚多いでしょう」と指摘すると、その銀行員は顔を真っ青にして謝りました。

後に社長が亡くなり専務が後を継ぎましたが、15年くらい過ぎて亡くなりました。息子の妻が社長を務めましたが、バブル期に不動産投資に失敗。日本で2番目のトミヤマはあっけなく消滅しました。

朝、メーカーが大量に納品しても、閉店時には棚にほとんど商品がないほど繁盛していた店が倒産し、大きな衝撃を受けました。「会社が続けて繁栄していくためには、相当な努力が必要」だと悟ったのです。

当社が利益を出して成長している時でも、会社の経営が心配になるのは、実数、売り上げ、売り筋など数字が少し変化したことにはすぐに手を打つ、敏感に対応しないと手遅れになるという、この時の経験によると思います。

1970 年代ころのトミヤマシューズ本社

型破りな父

トミヤマで3年半働いた後、名古屋に戻ってきました。靴の小売店を開業したかったのですが、場所を探すのも一苦労。まだ若かったこともあり、父の仕事を手伝いながら開業のチャンスを待ちました。父は若いころ、米屋で丁稚奉公した後に独立。第2次世界大戦で戦地に向かうため、米屋は続けられないと思い閉店したのですが、視力が悪くて九州まで行って帰されてしまいました。それで、当時需要が高かった靴の材料販売を手掛けるようになったそうです。

商売は堅実ですが、新し物好きでもありました。まだホンダ・ヤマハなどがオートバイを製造していなかったころ、外国製オートバイを所有していました。

「これからはオートバイの時代だ」と大金をはたいて買ったそうです。しかしそのころ、まだ舗装もされていない中でしたが、大阪から運転して帰ってきました。他にも「靴の材料を積んで瀬戸までに行く」と言って、300メートルほど走ったところで、プラグが壊れて走れなくなってしまいました。この時は、その場で修理してことなきを得たそうです。現在の二輪車と違って、当時は性能が悪かったようです。母には「日本に1台しかない訳の分からないオートバイだ」と言われていました。

また、こんなこともありました。私と父が偶然、自動車の接触事故の瞬間を目撃。明らかに事故の加害者が威張っていて、被害者が謝っていました。父は竹ぼうきを持って現場に向かい、「おれは一部始終見ていたぞ。お前の方が悪いだろー」と怒鳴って、加害者の頭を叩き、被害者に対して謝罪させたのです。

そして台風で家の瓦が割れた時は、自分の腰にロープを巻き付け、嵐の中で屋根を登って瓦を取り換えようとする、勇ましい父の姿を垣間見たこともありました。屋根の反対側で新しい瓦を取り付け、父の合図と同時に私や母がロープを引っ張ることで、落ちないようにしようとしました。

ところが、屋根の反対側に到着する前に、台風の音で父の声が聞こえず私たちがロープを引いたため、屋根から落ちそうになり必死でした。とにかく型破りでおもしろい父でした。

小学生のころ、家族で旅行に

怒る父

父はおもしろい人ですが、自然児なので瞬間湯沸かし器のように怒り、一度怒らすと手に負えない面もありました。私が大阪から名古屋に戻った、まだ23歳のころです。

この時、母は不在にしていました。私は商売では父にライバル意識があったので、父の気にさわることを言ったかもしれません。怒った父は丸太棒を持ち追っかけてきました。慌てて自分の部屋に逃げ込んでドアを閉めましたが、父はガラスを割って部屋に入ってこようとしました。

それを見ていた妹は本当に危ないと思って、泣きながら父を止めようとしました。それでも父は「できの悪い子どもを殺しても、親の罪は軽くなるんだ」と、お構いなしの様子。

私はガラスの破片で足を切りながら、必死で外へ逃げ出しました。本当に殺されるのかと思いました。息子が暴れて親が困る話はよくありますが父親の方が先に怒りだし止められなくなるようなことがあり、それ以降は外に逃げられることを考えて、けんかするようになりました。

この父の気性は若いころ、米屋で修業した経験があり、その時代は丁稚奉公先の家族と一緒に住み込むのが一般的で、ずっと厳しい環境で鍛えられたわけです。独立して苦労を味わって商売を軌道に乗せただけに、ほかの人から自分について何か文句を言われると、すぐに頭に来てしまうのです。

ただ、母も怒ることでは父に負けていませんでした。母が父に文句を言っているときに、近くにいると私まで「あなたもそうなんだから」と怒られます。このため、二人が言い争う時、私はいつも離れていました。

振り返ると、少し考えが甘い子どもであったので、この両親がいなかったら一人前になっていなかった気がします。少しでもましな人間になったのではないかと懐かしく考えています。

父に怒られたとき、泣きながら私をかばってくれた妹と

喫茶店の開業

父は毎年売り上げの目標を達成し、得意先約150人を白浜（和歌山県白浜町）や山中温泉（石川県加賀市）の旅館に招待するなど、相手に喜ばれることをして着実に商売を成功させてきました。一時期は、地元銀行の支店で預金残高トップになったこともあり、私は父の商売手法を見習っていました。

しかし、ある時に820万円（現在価値に換算すると10億円以上）の不渡りをつかまされました。誠実な人なので信用してしまったのです。この不渡り金額は倒産相手の中で2番目でしたが、1番、3番は倒産してしまいました。そして2年かけて借金は全部支払い、その商売もやめてしまいました。

この苦い経験から、父の考えは「現金商売をする」ことに変わります。その後、大曽根に所有していた土地に何かを建て始めました。「何をやるのか」と聞いたら、「お前が喫茶店をやれ」と言うのです。

駐車スペースは8台分、やりたい商売ではなかったですが、やる以上は流行る店にしたいと思って、大阪で繁盛していたトミヤマシューズから名前を借り、店名を「トミヤマコーヒー」としました。

ただ開業しても喫茶店経営だけで終わりたくない。将来、大きな商売・経営をしたいと大きな志を持っていました。流行る店で10年後はもっと大きくなる経営を、と考えていました。また、働いている人たちにも夢が共有できるように、一緒に働けて、売り上げも上がる会社にしたかったのです。

毎月十分な報酬を払うには、客単価が高い商売を行う必要があります。このため、新聞や飲食店関係の雑誌を見て、気になった記事で情報を集め、約10年間、東京、大阪、姫路、埼玉の話題の店舗を視察することを続けていました。

ある時、東京で流行っているステーキハウスを見付けました。「ブロンコ」

です。

ブロンコは全国に12店舗展開していて、フランチャイズ店もあり、いつもお客さまが並んでいる繁盛店でした。1年で30回ほど店舗に食べに行って、それを名古屋で経営しようかと思いました。

そうしてトミヤマコーヒーは繁盛してきたため、隣にフランチャイズ店としてステーキハウスブロンコを開店。営業時間は喫茶店が午前6時から午後6時、ブロンコが午後5時から翌日午前3時です。

開業した喫茶店「トミヤマコーヒー」

私たちの使命と目標・志・夢

喫茶トミヤマは本当によく繁盛しましたが人の募集方法が分からず、働く人に夢を持ってもらうことが一番の悩みでした。働く人の価値観が違うので不安定でした。今でもトミヤマにはよくコーヒーを飲みに行ったよと言ってくれる人がいます。また少し有名な店になっていたようです。

トミヤマでは店で働いている時は一生懸命に働いて、あとはそれで良いと思っていましたので、ステーキハウスブロンコでは同じ価値で働いてもらい将来の夢を共通したいと考えました。それで「ブロンコ」では価値観を、将来の目標（志）を一緒にし、夢を共有したいと考え、なんのために経営するのか、将来はどういう目標を持つのかを考えました。

一度しかない一番大切な人生を使ってどういう風に生きるのか、そのためにどういう目標をもって生きるのか、その時どうなっていたらいいのかを考えました。ブロンコは、一緒に働く人がそこで働いたことが良かった、と思ってもらえる事業にしたい。目標は、東海地方指折りの店舗数にしたいと掲げました。

それでも現実は厳しいもので、東京ではブロンコの知名度はありましたが名古屋ではゼロ。トミヤマは10年くらい営業しており、毎日来てもらえる人や日に一回来ていただく人はいました。一方でブロンコは金額が高く、知名度もない、立地も悪いものですから店内まで来てもらえません。

トミヤマの利益で儲けてもブロンコでは二年くらいはずっと赤字が続きました。

ブロンコは西部劇の酒場風で全員騎兵隊の服装。オーダーはスペイン語、音楽はカントリーミュージックで全く個性的な男性のお店で、しかも夜は真っ暗と寂しい場所でした。流行らなかったときは場所が悪いといわれており、後に流行るようになったら場所が良いといわれました。もっと流行ったら「竹市さんは運が良い」とも言われました。

ここから夢が始まった

喫茶店繁盛の秘訣

少し戻り、喫茶店を始めたころです。このころは、喫茶店を繁盛店にしようと、何にでも全力で取り組みました。

どうしたらお客さまが得をするのか、トミヤマシューズで学んだことをしようと思い、そうしてホットドッグからキャベツの値段の平均を1年間で取りました。また、パンには炒めたキャベツを、入りきらないくらいいっぱいに入れました。そうしたらホットドッグは1日68個の売れでした。お客さまの立場で考え、おいしくてボリュームのあるホットドッグは評判になりました。

鉄板スパゲッティも出しており、鉄板いっぱいになるように麺の量はほかの店の1・4倍くらい。温かい鉄板でジュウジュウいいながら出てくるので評判になりました。スパゲッティの種類はミートソースとイタリアンの2種類。

イタリアンスパゲッティは赤ワイン、トマト、ケチャップ、ソーセージとたくさんの調味料が入り、今でもおいしいと思います。ミートソースのスパゲッティはミートソースの缶詰にケチャップ、ウスターソースと他の調味料が入り、これもまた評判になりました。鉄板の下には玉子をしき、高級感のある皿にしました。

スパゲッティは小さな子ども連れの母子でしたら二人で食べても十分なくらい、また普通の男の人でも満足してもらえるので、56席あるトミヤマでスパゲッティが126皿売れ、いつも席に座れないような繁盛ぶりでした。

さらに、食器にもこだわりました。コーヒーカップは日本一の京都・イノダコーヒーのカップと同じカップを多治見の滝呂で型を制作。型代を払い大きくボリュームのあるカップにしました。そこへトミヤマコーヒーの名前をアルファベットで入れ、いつも一歩先へ行く店にしていました。

店の中に文化勲章の東山魁夷先生の布製の壁紙を飾り、サンゲツで一番高いものを使い、椅子はそのころの流行りの藤の椅子にしました。

トミヤマコーヒーの店内

毎月1回の視察

トミヤマコーヒーの時、どんなに忙しくても毎月1回、全国の流行している店の視察を続けました。新幹線に乗って東京や横浜、八王子、京都、大阪、姫路など、さまざまなところの飲食店やスーパー、話題の店を訪ねました。この視察は10年間休まずやり通しました。

視察の中で何人かの経営者に話を伺いました。しかし事前に約束して訪問できるケースはほとんどありません。中には、最寄駅からタクシーで行く予定なのに、タクシーがつかまらず2時間歩いた上、午後5時の開店だったため、3時間も周辺で時間をつぶしたこともありました。

そんな苦労がある一方で、創業者に会わせてくれたり、厨房（ちゅうぼう）の中を見せてくれるといった幸運なこともありました。

中でも、「遠い所からわざわざ」と言って焼肉弁当をごちそうになった、東京都立川市の八百屋さん。その店は、ダイエーの隣の敷地にテントを張って、少し曲がったキュウリなどを安く売っていました。市場から規格外の野菜を安く仕入れ、当日に安く販売する手法で、大変流行っていました。

これは野菜を安価に仕入れているため、こうしたビジネスが成り立ったのでしょう。なお、このお店は後に東証に上場しました。

また視察を通し、名古屋の場合、お客さまが来店してくれるかを考えました。

名古屋ということのフィルターを通して、立地、商品、流行性をチェック。東京だと１２００万人の人がいるので１パーセント来店していただいても12万人だけど、単純に人口が10分の１ならば１２０万人になります。

前述したように「喫茶店経営で終わりたくない」という思いが強く、どんなに忙しくても視察をやめることはありませんでした。

東京だと人口が多いから個性の強い店、流行に敏感な人や東京だから流行る店があります。地方でも流行るか、それとも一時の流行で終わるか、本質的に続いて時代を創っていけるかを見てあげることが大切です。例えばマクドナルドが日本に入ってきた時に、日本に定着するか、それとも流行で終わるか、定着するとこれを見極めることは本当に難しかったと思います。

視察に赴く私

時代の変化を読む

視察に行った際、東京では流行しているが名古屋ではまだ流行していない業態を始めれば成功すると思ったことがあります。ただ、東京とは市場規模が違います。しかも一過性なのか、一定の市場として定着し続けるのかを慎重に見極めなければなりません。

この喫茶店以外の飲食店でやりたいと思った店が、ステーキハウス「ブロンコ」でした。

ブロンコには1年で30回くらい通いましたが、店舗面積30～35坪の店がいつも大繁盛していることに驚きました。当時、まだ珍しいオープンキッチン方式を採用していたことなど、とにかくインパクトが強かったのです。

これを名古屋にもってきても一時の流行で終わるのか、定着するのか。視察に行くたびに悩みましたが、そのうちに時代が変化していることに気付きました。

それは妻が新鮮な魚を刺身や焼き魚にして息子に食べさせてもあまり喜ばないのに、唐揚げやハンバーグを出すととてもうれしそうな顔をしたことです。ただ、私が子どものときは違いました。牛や豚の肉を食べ慣れていない時代だったので、必ずクラスに3～4人は肉料理を食べられない子がいました。

その後、経済発展に伴って洋食が日本の食卓に浸透し始め、食習慣が変わりました。私と年が30歳ほど離れている息子のクラスでは「肉料理を食べられない子は1人もいない」という時代になっていたのです。現在でも、魚料理よりハンバーグやステーキ、フライドチキンが好きな子どもが多いと思います。

食習慣に変化があったのは1971（昭和46）年かと思います。東京・銀座にマクドナルドの1号店が誕生し、立って歩きながらハンバーガーを食べることが話題になりました。あれから数年が経過し、肉を食べる習慣が大きく変わっていたのだと気付いたのです。

このとき変化に気付くとともに、魚や野菜に比べて焼いた肉は口に入った瞬間、美味しさのインパクトが強いことも、外食業にとっては魅力ではないかと感じました。また息子たちは一生肉食になり、息子たちの子どもも同様に肉食になるだろうと考えました。

こうしたことからも、ブロンコのFC店に加盟することを決心し、電話を入れました。

ブロンコとFC契約をしてオープンする

ブレイクのきっかけ

ブロンコの運営を始めたころ、名古屋でも流行ると短絡的に考えていました。しかし、あまり集客できず、売り上げが2800円しかない日もありました。当時、喫茶店の2階に住居を構えていて、妻がいつも窓からブロンコを眺め、「全然お客さまが入ってないね」とぼやいていました。

これは前述した通り、名古屋では当時、まだ日常的に飲食店でステーキを食べる習慣がなく、ステーキレストランはハードルが高かったことが背景にあります。ブロンコの知名度が名古屋で低かったことも致命的でした。

そこで、近所にある団地の集合ポストにチラシを入れました。息子が通う小学校のPTA副会長を務めていたので、ポスティングしていたら、「竹市さん、何やっているの」と同級生の親に声を掛けられました。一軒一軒チラシを入れているとも言えないのでジョギングをしているふりをして走ったりしていた成果か、「昨日チラシを見て店に来たよ」と言われたこともありました。まさか、話し掛けた人がポスティングをしたとは思っていなかったようです。

それでもお客さまが少ないので、マスコミにも頼りました。今はないですが夕刊の名古屋タイムズに電話して取材を受けたら、すぐに7組が来店。

さらに、そのころ1ポンド（約450グラム）ステーキ3枚、ライスかパン、小さなサラダ、ドリンク（コーヒー・ジュース）を3コース食べたらタダという企画をやっていて、腹いっぱいになるまで食べた後にトイレに行って吐き、それから席に戻って食べる強者も。その根性を買って合格と判定しました。どんなにステーキ好きでも、ゆっくり食べると満腹になります。大きな体をしていても、途中でギブアップする人が大勢いました。

これらの活動から「ユニークな商売」と話題になり、テレビ番組の生放送でも時々取り上げられました。

放送時間は3分、張り切ってブルーのシャツと白のズボンを身に着けて出演。ところが、放送前に緊張して何度もトイレに行ったため、開いたチャックの中からブルーのシャツが見えたまま放送されていました。誰も気が付かなかったのですが、これも楽しい思い出です。

ただ、生放送のおかげで、平日の平均売り上げ約1万円から19万円に急増。一時は喫茶店を待合室にしても、お客さまが入りきれない状態になりました。

テレビ中継で知名度が一気に高まった

慢性的な睡眠不足

ブロンコをトミヤマの隣で営業することになってから、私の生活はさらに忙しくなり、1日の睡眠時間は平均4~5時間。どこかに座るとすぐ居眠りしてしまう生活が10年続きました。

そんな時の経営セミナーでは、座るとついつい寝てしまうこともよくあり、それでも将来の夢のためにいろいろな勉強会やセミナーに参加しました。

また、自動車を運転している時は、信号で止まるたびに寝てしまうこともありました。

食事も朝昼食べてなく、夕食で人の倍くらい食べた時もありました。目が開いている時は昼夜関係なく、何かと働いており、妻に「気違い」と言われましたが、それでも早くブロンコの経営を軌道に乗せようと必死でした。この時は喫茶店の調理は知っていたのですが、本格的な料理の知識はなかったので、いろんな人の知識知恵を借りて教えてもらいました。そして、調理師学校の宮本昭正先生にはすべての料理をおいしくする方法を教えてもらいました。

当初、ブロンコは西部劇に出てくる、酒場のような雰囲気が好きなマニアの人には好評で、四日市市や岐阜市の遠方からわざわざご来店いただきました。ただ、個性が強いこともあり、幅広いファミリー層向けのメニューではありませんでしたので、地元の家族連れには合いません。このファミリー層を取り込めない店のままでは、自分の夢を達成できないと考えました。

いつかは本部のブロンコを抜きたいと思い、肉の勉強をしているうちに、もっと高品質な肉を安く仕入れる方法などが分かってきました。

後にテレビに出て売り上げが一気に伸びたことから、名古屋市内に新たに2店舗を出すことにしました。場所は名古屋大学近くの山手通り沿いと、名古屋市営地下鉄本山駅と東山公園駅の前です。ブームに乗れたような感覚でした。

何年か努力して勉強すると仕入れや調理、売り方、店づくりなどにおいて先輩より上へ行くことができる。また自分より優れた人に教えてもらうことにより成長する、お互いのいいところを出し合って大きな力になると思います。

オープン当初のブロンコビリー

ステーキレストラン一本に

ＦＣ店の枠組みでは、自分たちが考えた方法でサービス提供や商品づくりができない。

3年で3店舗になったので、ＦＣをやめて自分で経営したいと思いました。ブロンコの知名度は東京では高く、地元ではほとんどありませんでした。そこでＦＣをやめて、「ブロンコビリー」の名で独立しました。最初、肉の仕入れは本部に頼っていましたが、仕入れもどんどん川上へ上がっていくと自分たちでいい仕入れができます。また、トミヤマシューズで父親の仕入れ方法を研究していたため、仕入れ技術で強くなっていきました。

ここで〝ブロンコ〟の由来ですが、スペイン語の語源「野生の馬」「荒々しい」から来ています。〝ビリー〟の意味は「常に少年の心を忘れない」との思いからアメリカの少年の名前です。いつも若々しく、エキサイティングで元気な少年少女の夢を持った会社にしようと思いました。

また、ステーキハウスに経営を集中しようと、トミヤマの10年間で稼いだ資金を投入し、喫茶店とブロンコの店舗を統合し、ブロンコビリー1号店を80席くらいの大型店に大きく改装。

これにより、ブロンコビリーは軌道に乗ることになります。

ステーキハウス「ブロンコ」のFCで創業したとき、この会社は何のためにあるか、将来の目標はどこに置くかを考えました。ただ働きに来るだけでは弱いものがある、会社の中に意義と価値を目標がないとバラバラになってしまう、と思いました。

そこで「私たちの使命」と「将来の経営目標」を考えました。使命は自分の大切な命を使い、価値のあるもの目標を持って突き進むこと。使命は「仲間の幸福」、目標は「東海地方屈指の外食産業」としました。これがその後大きな力を発揮しました。どうしたらそれが達成できるかは「お客さまの満足」としました。これでブロンコビリーは志（目標）命（絶対的大切なもの）社会貢献を持った会社の意義価値を持つことができたのです。

名古屋大学近くの山手通り沿いにあった店舗

思い切った販促

ブロンコビリーを開業した時、わたしの父母は、ほとんど借金をしたことのない人で自分も借り入れをしないで3店舗に拡大しました。そのため資金繰りで苦労し、ステーキのブロンコから、個性はあるがファミリーでも来店していただけるステーキハウス「ブロンコビリー」にハンドルを切ったとき、余分に1000万円ほど余裕を持って直営にしました。

開業してから、毎月100万円の赤字を出し、半年後には運転資金が400万円に減っていました。ただ、この状態が続いたとしても、個人資産を投入すれば1、2年は耐えられるという計算はありました。少しは知名度が上がったと思っていましたが、大型店なので経費がかかりました。

そこで、資金があるうちに、毎月100万円の赤字を出しても、客数を増やしながらこの赤字で行こう、と考えました。

誰かの書いた本の中に、お金は増やすのに何もなく、増えるのは造幣局だけ、お金が増えることはないと書いてありました。お客さま一人に1本のくじを引いてもらい、家族4人で来客していただいた場合、1000円くらいの金券が当たり、はずれはドリンクバー券が当たるようにしました。1年半経過すると、お客さまが店外まで並ぶほど客足が伸びたのです。

また、新聞社に取材依頼をするため、13回ほど電話したこともありました。元レスラーのロッキー青木氏が、アメリカ・ニューヨークタイムズに現地で経営しているステーキレストラン「ベニハナ」を売り込んで店を繁盛させた事例をまねたのです。ベニハナは大変流行したようです。

前述しましたが、3コース食べたらタダという企画販促では、すぐにCBCテレビが夜のニュースで放送。この時は新聞もテレビもそういう取材はやってなかったので、大変反応が大きかったことを思い出します。
本当に経営が大変な時こそ経営者の出番でその時の主役なのだと思います。

昔の丸い形状のハンバーグ

サラダバーの導入

ブロンコビリーに転換して、メニューにサラダバーを導入しました。

これはステーキやハンバーグをお腹いっぱい食べていただくとともに、健康のためにサラダやデザート、総菜をそろえて多く食べてもらいたいと思ったことからです。一人暮らしの人が野菜を自宅で食べようとしても、食べきれず残すことがあります。いつも新鮮で安全な野菜を提供することは大変ですが、それでもたくさん食べてもらおうと、野菜の種類も18種類と多くそろえました。

ただサラダバーは食材をカットし、少なくなれば補充するので、手間がかかります。それでも当時、新鮮な野菜をお腹いっぱいに食べられるレストランは日本では珍しく、他店との差別化につながりました。

また、ステーキやハンバーグを目の前で炭を使って焼くことにもこだわりました。炭焼きはガスに比べ、温度が不安定でうまく焼き上げるには技術が必要です。焼き上げに炭を使うのでコストもかかりますが、表面はカリッとして中身がジューシーに仕上がり、遠赤外線の効果もあります。

子どものころ、祖母にサンマを炭火で焼いてもらって食べたこと、他にも焼き鳥屋さんやうなぎ屋さんなど、炭火焼きがすごくおいしかったことを覚えています。ちなみにアメリカ・ニューヨークでは、高級ステーキハウスの多くが炭焼きを採用しています。

これまでのブロンコは、店員が西部劇の騎兵隊の格好をしてスペイン語でオーダーをするといった個性的なレストランでしたが、私が目指したのは多くの人に長年親しまれ、繰り返し訪れたいと思っていただける店づくりでした。そのために、サラダバーと炭焼きによって魅力を高め、継続的に集客できるようにしました。

そこに販促を加えることで、店の売り上げも増えていきました。ただ、駐車スペースは10台しかなく、混雑時にはお客さまの車が入れなくて、路上駐車となり近所の人たちに迷惑をかけていました。

「もっと広く30台ほど駐車スペースを設け、店内も今より家族がくつろげるような店をつくりたい」――。そう思い、2店舗目の出店を考えるようになりました。

メニューにサラダバーを導入

3店舗の繁盛

ブロンコビリーの店舗は、入口からサラダバーや厨房が全部見えるようにするのが原則です。オープンキッチンにすると、お客さまから調理場が見え、働いている人たちの姿が分かるので、より楽しく、安心してもらえます。

店内に入るとまずサラダバーが見え、次に本当に炭で焼いているところを見てもらうことで、安心安全と楽しさを演出しました。また従業員にもお客さまの喜ぶ顔が見えるため、感情が伝わりやすいのです。これらの理由からどんなに人通りが多く、安い地代でも、この条件を満たせない場合は、店を構えない方針です。

ちょうど25年ほど前に繁盛していた山手通店（名古屋市千種区）は、30（約100平方メートル）坪ほどの広さでサラダバーが設置できなかったため思い切って閉店。地主さんから「昨日も店外までお客さまが並んでいたのに、なぜ閉めるのか」と言われました。ブロンコの時代から大変お世話になりました。

このため、出店するにはある程度の広さが必要だったのです。2号店の候補地を探している時、工務店を介して地主さんを紹介してもらい、私の経営に対する熱意を伝えて土地を借りることができました。本当に人柄の良い方で、友人のように付き合っていただきました。この2号店が昭和橋店（名古屋市中川区）です。

この近くには、すかいらーくの繁盛店があり、「人が集まる店の近くに出店すれば集客しやすい」とも考えました。銀行から融資を受け、ブロンコビリー1号店開業から2~3年後に昭和橋店をオープン。

その数年後には、絶対に借りられないと言われていた隣接地を借りられる幸運に恵まれ、駐車場も拡大できました。現在でも同店はドル箱店として、当社の利益を支えています。開店した時季が夏で忙しく、社員は何日か寝泊まりして働いてくれました。

そして、3号店として守山店（名古屋市守山区）をオープン。こちらも現在、繁盛店となっており、働いているパートナーの人たちの中には、開店時から30年勤続の人が4人もいます。当社の宝です。

それ以後、2年に1店ずつ出店できるようになりました。

現在でもドル箱店としてブロンコビリーを支える昭和橋店

人の力を借りる

少しずつ出店を進めながら、メニューの品質改善に取り組みました。当社が2～15店舗に成長するまでの約10年間は、調理師学校の宮本先生の力を借りて、商品をレベルアップするために、毎月1回のペースで勉強会を開いていました。

自分で積極的に学ぶ姿勢は大切ですが、自分より知識や知恵のある人に学ぶことで、新しい知識や技術をより早く吸収できます。当社は宮本先生のおかげで、メニュー品質改善のスピードを向上させることができました。

またドレッシング、サラダ、ハンバーグを少しでもおいしくするために知恵を借り、宮本先生のネットワークを通じて、調理師学校の優れた先生方に知り合え、社員採用にもつながりました。

勉強会では、社員と先生がともに改善に取り組み、深夜まで試食を繰り返し、店の周りが明るくなるまでやり続けました。東京のレストラン見学の時は帰りの新幹線で最終に乗り遅れ、夜行列車で帰ってきたこともあります。

宮本先生にはアメリカ研修にも同行していただき、本当にブロンコビリーにとっての恩人です。

まだ10店舗程度しかなかった1990（平成2）年ごろ、後に私の右腕となって大活躍してくれる大塚光輝君に出会いました。ブロンコビリーの今日があるのは、彼が会社に入って、私にはない知恵と能力を発揮してくれたからです。自分より何か能力のある人と一緒に仕事をすると、本当に楽しいと感じました。

彼は、京都大学を卒業後、ジャスコ（現・イオン）のグループ企業3社を上場させた経験の持ち主です。私は退職していた彼を取締役に迎え入れました。

彼の得意分野は総務・経理部門で、資料作成にも能力を発揮。私の不得意な仕事は大塚君の得意分野だったので、私は安心して人材教育、商品開発、販売促進の仕事に専念できました。

ピーター・ドラッカーは「不得意なことをして成功した人はいない」と言っています。大塚君のおかげで、ドラッカーの格言通り、得意なことだけに集中できました。私たち2人の力を掛け合わせると、4人分の力になったと思っています。

1995（平成7）年当時のメニュー

出店計画宣言

ブロンコビリーの店舗数は1992（平成4）年の時点でまだ5店舗。このころに菊水化学工業（名古屋市）の創業者、遠山昌夫先生が主宰する青年経営者研修塾「青経塾」へ入塾させていただき、3年後の卒業式で、「10年後に50店舗にする」と宣言しました。

「針小棒大」という格言がありますが、私は棒ほど思い続けていれば、針ほどは実現するという意味に捉えています。この50店舗という大きな目標は、単なる思い付きではありません。私は以前にどこかで聞いた話「月を目指す三段ロケット」を参考に、10年の計画を4年（うち1年は準備期間）、3年、3年の三つに分けて考えました。

三段ロケットは、月のどこに着陸するかが決まっています。地球を出発点にして月に向かうのですが、月から逆算して現在地を考え、軌道修正しながら毎回ロケットを途中で切り離して目的地の月へ進みます。

つまり、月が50店舗という目標、地球から月に到着するまでの時間が10年間、その間にロケットから二つの機体を離すタイミングが4年後とその次の3年後です。すべて到達点から考えて逆算し、絶えず修正しながら手を打つのです。

翌年の93（平成5）年には2店を閉店。そのうちの名古屋市の店舗は、非常に繁盛していましたが、30坪程度の店舗面積で、サラダバーや本格的なオープンキッチンを展開できませんでした。もう1店、関東1号店（東京都）は家賃が高く、当時の実力では難しいと考え、関東はもっと実力をつけてから出店することにしました。これら閉店に伴う損失は重く、この年は出店を見送ることになります。

「50店舗宣言」から9年後の2001（平成13）年に照準を合わせ人、モノ、金、志のすべてを集中させました。もともと、会社を大きく成長させたい気持ちしかありませんでした。各店舗の目標で走っても人、モノ、金と無いないづくしですから、目標に負けてしまいます。半分まで達した時、60店舗に目標を変え、8年後に目標を上げていました。その目標も1996（平成8）年には60店、99（平成11）年には70店に、それぞれ引き上げました。

また銀行から融資を受けられるように、ステーキやハンバーグといった商品の質も上げていきました。

人生は志を持つことが全ての出発点である。「志あれば成る」、そのかわり志を持つと苦しみも始まるがそれは生きがいにもなる楽しい苦労と後に考えるようになりました。

青経塾の卒業式（前列左から２人目が私）

トーカンとの協業

50店舗にするという目標を立て、1年前倒しで2001（平成13）年に56店舗にしました。こんなにも早く出店拡大ができたのは食品総合卸、トーカン（名古屋市）の力を借りられたからです。

同社との出会いは1980年代後半。私が「将来50店舗にしたい」と話したところ、担当の間坂さんから「それでは一緒にビジネスをしていきましょう」と言っていただきました。

当社は使う食材の種類が多く、各仕入先とのやり取りや各店舗への仕分け、配送作業も結構な労力になります。同社との連携によって、食材調達や物流業務が効率化しました。

同社との協業体制はこうです。当社従業員が毎朝4時に出勤し、勝川工場

（春日井市）で加工したステーキやハンバーグをトーカンが配送センターに輸送。そこからサラダバーで使う野菜なども含め、一括して各店舗に食材を配送します。

ステーキやハンバーグの鮮度が落ちないうちにお客さまに提供できるため、顧客満足度が向上。いくら店舗が増えても、同社の物流ネットワークがあれば、各店舗は、その日に必要な食材をそろえることができるのです。

出店を拡大する前に同社との協業体制ができていたことは、大きな力となりました。また、この拡大に伴い、同社の仕事も増えたので、ウィン・ウィンの関係を構築できたと思っています。同社とは現在でも取引をさせていただいています。最初は勝川コミサリー、その後近くでもっと大きな勝川ファクトリーに移転、現在は敷地700坪に300坪のファクトリーとなっています。

後に、物流はロジスティクス（兵站）と言われますが、由来は軍事用語です。これは古代中国の戦争時、食料や武器などが後方から届けられることが最も大切な機能であるとされ、この関係性を知り、同社との取り組みが可能になりました。

また、店舗をつくる際、アメリカのレストランの厨房デザインとするため、厨房の設計施工会社、宣広社の青山昌幸さんには10回もアメリカまで同行してもらいました。その結果、さまざまな助言を受けることができました。こうした皆さんに支えられ、大きな目標を達成することができたのです。

経営コンサルタントの故榊芳生(よしお)先生、設計事務所アルチザンの関根先生、そして青山さんにはアメリカへ一緒にいていただくなどいろいろな能力がある人に力を借りて協力していただきました。

現在の勝川工場（春日井市）

ＢＳＥ問題に直面（１）

50店舗に到達するまでに、レストランとして業界トップレベルの機械化を進めました。例えばハンバーグ用タマネギのカットは速い人でも1時間に10個ですが、自動カット機では１０００個も切れます。同時にタマネギのすりおろし機も導入しました。

機械化と併せて人員の確保も進めました。牛肉の薄い筋を取り除いたり、牛肉の硬い部分と軟らかい部分の境目をカットすることは人の手が必要です。人によって付加価値が高まる工程については、機械化せずに元食肉学校の清水先生のもと、16年も研修を重ねることで対応しました。

またアメリカ、ヨーロッパ、オーストラリア、ニュージーランドにある牛肉の加工工場にも視察に行き、牛の種類、工場エサ、飼い主の牛への愛情などを見学して生産者と話しました。そこで加工された牛肉が使われているレストランに立ち寄って試食を繰り返しました。

たいていの工場はアクセスが悪い田舎にあります。現地外食産業の関係者でも工場まで足を運ぶ人は少ないのですが、生産者の考え方や牛肉の製造工程を知り、納得した上で仕入れたかったのです。時間や経費はかかりますが、安心安全で高品質な牛肉をお値打ちに仕入れようと努めました。

「10年後に50店舗にする」と宣言して以来、会社は成長に向かい、勢いがついてきました。それに合わせて、資金調達や店舗オペレーション、採用、人材教育、機械化、仕入れなどの面で、さまざまな変革を重ねました。

その直後の2001（平成13）年夏、イギリスでBSEの疑いがある牛が発見され、またたく間に社会問題になりました。テレビや新聞では連日のように報道され、牛肉の安全性が問題になりました。

牛肉を取り扱っている食品メーカーや外食は大打撃を受け、当社も例外ではありません。この年の10月だけで、客数が前年同月比で約３割減少。約１億２千万円の赤字を出しました。

創業以来、最大のピンチを迎えることになったのです。

1990年代に店舗は急拡大した（写真は多治見インター店）

ＢＳＥ問題に直面（２）

当社の売り上げが減少する中、アメリカでもＢＳＥが発生しました。ＢＳＥ問題が発生した９月からは赤字が続き、２００１（平成13）年12月期は５億４千万円の純損失を計上しました。

毎年９～12月期は売り上げが最も伸びる時期だっただけに、衝撃を受けました。１９９０年代後半からは経常利益１億～１億５千万円で推移し、今思えば低いものではあるものの業績が安定していました。しかし、創業以来初の赤字です。

そして売上高53億円に対し、借入金は約38億円。自己資本比率は９・２パーセント以下に低下し、本当に「会社がつぶれるのではないか」と思いました。

これほどまでに借金が膨らんだのは、１９９２（平成４）年から多店舗化を加速し、２００１年に56店舗になるまで、大きな投資を続けていたからです。ただ、赤字にはなりましたが、仕入れ先や金融機関は当社をバックアップしてくれました。

ＢＳＥ問題が発生した同年冬のボーナスは、前年比３割減で我慢してもらい、ボーナス支給総額のうち７分の３は、私の貯金から補充しました。

また、翌年４月に入社予定の内定者には半年遅れで入社してもらうことにして、半数にあたる25人が10月に入社しました。

これ以上、赤字を出さないため、不採算の３店舗を閉店。毎年実施していたアメリカ研修を一時中止し、従業員への牛肉の無償配布もやめました。

この時、息子が「とうさん」と私を呼ぶと、「本当に倒産しそうだから『父さん』とは呼ぶな」と冗談で言いました。

私は夢、志、目標を持って自分が決めた道を進んできたので、自分の責任で済みますが、一生懸命に働いてもらってきた社員には、「倒産した会社の元社員」というレッテルを貼らせたくないという一心でした。

でも、38億円を貸してくれたことは絶対に返済できる金額である、簡単には貸してくれない金額だから返済する能力が自分にはあると思い、これを返してそれを実証しようと思っていました。貸してくれたということは、自分は返すことができると言い続けました。

BSE の全頭検査のため運ばれる牛（共同通信社）

ＢＳＥ問題に直面（３）

ＢＳＥ問題が長期化し、テレビ画面で弱った牛が何度も映る中、当社が不採算店の３店舗を閉めたことで、「ブロンコビリーは危ない」と思う人もいたようです。

ある日、知り合いの元証券マンが訪ねて来て、「ブロンコビリーを買収したい」と言われました。すぐに私は「帰れー！」と追い返しました。

一生懸命に会社を立て直そうと考え、睡眠5時間の生活が何カ月続いたためか、右側の目と口がつりました。病院では「軽い脳梗塞」と診断され、16日間の入院後も「３週間は仕事をしてはいけない」と医師に宣告されました。

それで、本を毎日15冊持ってコーヒーショップ・スターバックスで毎日10時間以上読み続けました。もちろん４杯ほどコーヒーを飲み真剣に読みました。

安岡正篤氏（陽明学者）や稲盛和夫氏（京セラ創業者）、中村天風氏（思想家）らの著作を集中して読みました。

中でも、孟子の次の言葉が私の心を奮い立たせました。

「天が重大な任務をある人に与えようとする時に、必ずまずその人の精神を苦しめ、その筋骨を疲れさせ、その肉体を飢え苦しませ、その行動を失敗ばかりさせて、そのしようとする意図と食い違うようにさせるものだ。これは、天がその人の心を発憤させ性格を辛抱強くさせ、こうして今までできなかったこともできるようにするための貴い試練である」

今は天から試練を与えられているが、それを乗り越えれば、もう一段高い所へ行けると考えました。

自宅には中国の古典など多くの本がありますが、自分が苦しい状況にあったからこそ、これらの言葉に出会うことができたのです。初めて赤字を出したことも、病気をしたことも、一歩先に進むためには必要なことでした。

この時に出会った孟子の言葉を手帳に書き写し、いつでも読み返せるように、ポケットの中に入れています。

「大きなチャンス」は「大きなピンチの顔」をして現れるのです。

試練の時に、孟子の言葉に出会った

ＢＳＥ問題に直面（４）

仕事を休んでいた時、プロ棋士の木村一基名人の言葉「大きな失敗は、大きな成功につながる、小さな失敗は小さな成功につながる」を真正面から受け止めました。

もう少し早く手が打てたのではないか。失敗をＢＳＥのせいにせず、自分の責任として捉え、必ず成功するように手を打とうと。この言葉を紙に書き写し、常に持ち歩いていました。

さらに、「心技体」の中でも、このピンチに体力で負けないよう犬（ラブラドール・レトリバー）を飼い、毎朝５時に起きて１時間以上散歩を始めました。名前は「ラッキー」。１日に30回、40回と「ラッキー（幸運）」と呼ぶので、運勢が上がってくるような気がしたのです。私は木村名人の言葉とラッキーに出会い、気力と体力が回復、本格的な改革に着手しました。自分は体、技、心で体力がないと負けてしまうと思いました。

まず、商品政策ではメニューの見直しです。

1999（平成11）年から廃止していたサラダバーを復活させました。そのきっかけは、FMラジオの番組で、「以前に実施していて復活してほしいもの」の2位にブロンコビリーのサラダバーが選ばれたことでした。ラジオ番組を聴いて、サラダバーがお客さまからこれほどまでに支持されていることを初めて知ったのです。

これについては、90年代後半に出店ペースが加速する中、20種類もの食材を常時用意するサラダバーは、当時の店舗オペレーションでは重荷となっていました。しかも野菜は相場が乱高下しやすく、原価計算が煩雑だったため、廃止に踏み切った経緯があったのです。

また、ステーキも手間がかかる炭焼きをやめて、効率的に焼ける大きな鉄板に替えていました。同じ温度で焼ける高級な鉄板（グリドル）を使用する中、炭焼きの方がおいしいことは分かっていましたが、それでも効率を優先していたのです。これもサラダバーと同様、炭焼きを復活させました。

他にも90年代後半に、「高単価だと出店しにくい」というコンサルタントの助言を受け、客単価を６００円ほど下げ（以前は１６００円ほど）、安売りに走っていたのです。牛肉の仕入れでも価格を抑えることで品質を落としていました。

この機会に改めて、良い商品を適切な価格で提供し、お客さまに満足してもらうという方向に進路を切り替えました。これが自分、ブロンコビリーの生き方と考えました。

炭焼き復活

ＢＳＥ問題に直面（５）

サラダバーと炭焼きの復活に加え、これまでよりも原価が高くても高品質な牛肉を仕入れるようにしました。

さらに、大かまどを導入し、新潟県中魚沼郡津南町のコシヒカリを採用することにしました。この津南町の標高３００メートル以上にある田んぼの湧き水は、そのまま飲めるほどきれいな水です。魚沼産コシヒカリの中でも品質の高い米ができます。

こうして、高付加価値商品を提供する体制を整え、少しずつ客単価が上昇。すると、サラダバーを廃止した時は客数が落ちたのに、今度は客数を維持したまま売り上げが増加しました。

２００１（平成13）年12月期の業績不振は、「ＢＳＥが原因ではなく、お客さまに商品の価値を届けていなかった」と確信したのです。ＢＳＥはブロンコビリーを安売り店から、「ご馳走」を提供するレストランに変身させました。この「ご馳走」は、おいしい食材や旬の食材、日本から世界の牛肉など喜んでいただける食材を提供することとしています。

そのころ、サラダバー、炭焼き、大かまどで炊いたごはんの3拍子をそろえたレストランは他にはなく、業績は一気に回復。05（平成17）年12月期の経常利益率は17・2パーセントとなりました。

この年に、業績不振で02（平成14）年から中断していたアメリカ研修、ボーナス満額支給、社員とパートナーへの牛肉無償配布（５００グラムを年末に支給）も復活させ、さらにパートナーの時給を50円アップさせました。

約4年後、当社の借入金が約38億円だった時に融資を渋っていた銀行の担当者が、「1カ月でいいから、お金を借りてくれ」と頼みに来るまでに会社の財務状況は健全になりました。今でも「あの時に言ってくれれば」と内心思っています。

何よりも誇りに思うのは、会社が最も苦しかったころに、社員が１人も辞めなかったことです。04（平成16）年に全社員が集まった時、「当時、会社がつぶれると思った人は、正直に挙手してくれ」と問うたら、約半数の社員が手を挙げました。おそらく、社員の３分の２くらいは会社がつぶれると本気で思っていたでしょう。

「残ってくれた社員を絶対に幸せにしなければ」と、強く思いました。

余談ですが、当社の再生劇によって、わが家の愛犬ラッキーは「本当に幸福を呼ぶ犬だ」と言われ、飼っている犬の名前をわざわざ「ラッキー」に替える知人もいました。

魚沼産コシヒカリを大かまどで炊く

上場に向けて

ＢＳＥ問題による業績悪化で学んだことは、経常利益が1億～1億5千万程度では、小さなピンチでも会社を守れないということでした。経営がうまくいっていると思っていても、簡単にひっくり返ってしまいます。

そうならないためにも、見えない所で努力し、安心して働ける会社をつくろうと考えました。公正な競争の中で、多くのレストランの中からお客さまに来店いただき、差別化、高付加価値、楽しさを追求していこうと思いました。

松下幸之助氏は「治にいて乱を忘れず」という言葉を残しています。

これは、うまくいっている時こそ悪くなった時の準備をし、毎日真剣勝負で経営するという意味。現在もこの言葉を心に刻んで、会社の状況を考えています。それでも、油断してしまう時があります。大阪で住み込みをしていた時代から今までに良い時は3年もない。数倍の努力をしないといけないと心から思うようになりました。

そのため、会社をもう一段上に成長させ、働く仲間が誇りを持てるように と、会社を上場させることを検討し始めました。ブロンコビリーが個人商店ではなく、「社会に開かれた会社」と思われたかったからです。

上場するには、証券会社の指導を受けながら内部統制を整備するなど、準備に3年ほどかかります。お金と人を投入するので、もし失敗すれば体力が落ちてしまいます。

幸い当社にはその分野に明るい大塚光輝常務がいました。大手企業に勤務していた時、3つの会社を上場させた経歴の持ち主です。彼が司令塔になり全社を巻き込んで、ついに07（平成19）年、ジャスダック上場を果たしました。彼の協力なしに上場は考えられませんでした。

誰であっても当社株を買うことができるようになったことで、大きな社会的責任を背負うことになりました。そして、新たに意識することになった、社員、パートナー、株主、社会に対しての重責。また、社員が入社するたびに、40年先の退職まで会社が安定的に利益を出せる状態でなければならない、と決意を新たにしました。会社は「全従業員の幸福のためにある」、そして株主さんにも喜んでいただきたい。世の中にあった方がいい会社でありたい、といつも考えています。

ジャスダック上場を達成（前列中央が私）

大塚君の死

２００７（平成19）年11月のジャスダック上場後、翌年９月には昭島昭和の森店（東京都昭島市）がオープンし、関東に再進出しました。関東から撤退した１９９３（平成５）年の当社は、知名度や資金がなく、業績が軌道に乗るまで踏ん張れる力がありませんでした。

そのころに比べて財務状況も改善し、上場企業にもなっていたので、市場が大きい関東で店舗拡大を目論んだのです。

また、ジャスダック上場後も業績は好調で、２０１１（平成23）年８月に東京証券取引所と名古屋証券取引所の２部に、翌年８月には両取引所の１部に上場できました。

しかし、残念だったのは、ジャスダック上場に多大な貢献をしてくれた大塚光輝君が東証・名証上場を見ることなく、肺がんで死去したことです。

大塚君は総務・経理部門の司令塔でした。社員が頼り過ぎていたため、彼がいなくなってからしばらくは業務が滞ることがありました。

私は社員が一生懸命働いてくれることをいつも誇りに思っています。全員がそれぞれの強みを生かして、働いてくれています。

大塚君は将来を見通して知恵を出し、戦略を考える人でした。彼を失って、初めてそのことの大切さに気付きました。また、経営は仕事に情熱を持った志のある人の協力が必要だと思いました。

大塚君という優秀な人材に出会えたことは本当に幸運なことです。

それ以降も当社は、他社で活躍した優秀な人材を積極的に採用し、重要なポストに就いてもらっています。会社を成長させるには、外部から新しい知恵を入れていく必要があるからです。

現在でも年に4、5回、私は大塚君の墓参りをして会社の状況を報告しています。会社を大きく飛躍させてくれた大塚君への報告は、これからも欠かすことはないでしょう。

お互いに苦労もありましたが、大塚君は「ブロンコビリーで働いて楽しい」と言ってくれていました。

志を同じにして共に過ごした時間を、私は誇りに思っています。

大塚君と私

社長交代

２０１２（平成24）年8月、東証・名証1部に上場したのを機に、翌年3月、長男克弘（かつひろ）に社長を譲り、私は会長に就きました。

「社長になることはできても、業績を上げ続けることは大変だ。苦労も多いが、やる気はあるか」

と尋ね、克弘は「やります」とだけ答えました。この時、大きな責任を背負い、社員の幸福を実現する志が克弘にはあると思いました。

それまでに克弘はアメリカ・デンバー大学経営学部ホテル・レストラン学科を卒業し、アメリカの有力レストランでメキシコ人らと一緒に1年間働き、3年目に当社に入社しました。私はもともと身内に後を継がせる気はなく、息子を特別扱いする考えもありませんでした。それどころか、克弘にはむしろ厳しくしていました。

入社後まもなく、焼津八楠店（静岡県焼津市）に勤務。その店で、克弘より年下の店長のもとで半年間働きました。体調不良になった本部工場長の代わりに異動させた際も、克弘は未経験のため戸惑っていましたが、「最初は誰でも素人だ」と突き放し、そこから学べば良いと言いました。

そして克弘を社長に選んだ理由は、仕事に熱意を持ち、努力していたことです。特に彼の行動力には頭が下がります。克弘は欧州の食品展示会で、いろいろなブースを訪ね担当者に話し掛けます。その足でトルコの会社にもハンガリーの会社にも行き、仕入先を開拓します。

さらにアメリカ留学の経験があるだけに研修でも頼りになり、毎回初めて訪れる店を予定に入れ、スケジュールを組んでいきます。日本と比べて10年以上進んでいるといわれているアメリカのレストラン、ずっと繁盛している店、時代を先取りしている店など計画的に視察できるのです。

これまでに私は35歳で初めてアメリカ研修に行き、以来40年の間に１００回以上海外に出張しています。オーストラリア、ニュージーランドの牧場や牛肉のカット工場にも行きました。店長やパートナーと楽しい旅をさせてもらい、これが私の財産となっています。

社長業は責任が多くて自分が悔しくなるような仕事、そんなときがたくさんありますがそれを喜びとして挑戦してもらいたい。克弘も20年以上社長の責任を背負うことと成長を楽しみにしています。

社長を長男克弘（右）に譲る

ＰＨＰ研修会

会社を成長させると同時に、経営者としての自分も成長させようと、松下幸之助氏が設立したＰＨＰ研究所の研修会に20回以上参加しました。

松下氏は発明家ですが、ある時から突然、発明をしなくなります。私はその理由を、「松下氏は発明家から事業経営者になる決心をした」と解釈しました。松下氏は一晩中、新商品を抱いて寝るほど、商品に愛着を持つ人だったそうです。

もともと松下氏は二股ソケットを発明して会社を創業した人ですが、発明家から事業家への出発だと思いました。そして自分も店主から経営者になろうと決心。松下氏の英断に感銘し、心を改めようと理容店に行き、頭を丸坊主にしました。

また、講義では松下電器産業に中途入社し、後に松下住設の社長になった小川守正氏から、松下では中学を卒業したばかりの女性社員がランチを早く済ませて工場に戻り、遅れている仕事を挽回しようとする姿を見て、その勤勉さに驚いた、と話を伺いました。

前の会社は大卒が働くエリートの会社だが、倒産してしまった。そう考えると松下の人たちの努力はすごいと言っていました。

松下氏は「当社は人をつくっています。その合間に商品をつくっています」という言葉を残しています。その言葉を象徴するようなエピソードでした。

研修会を経て、さらに松下氏の経営思想を頭に叩き込むため、松下氏の肉声講話を100話集めたカセットテープ『松下幸之助　経営百話』を車の中で100回聴くことにしました。使い過ぎて車のカセットデッキが故障してしまいましたが、途中からはラジオ付カセットデッキを積んで聴いていました。本を読むのとは異なり、肉声はやはり心に響きます。

松下氏は幼いころから病弱で貧乏な家庭に育ち、学校では小学4年までしか勉強ができませんでした。若いころは結核を患い、しばしば仕事を休むこともありました。しかし、これらの弱点を克服し、パナソニックをつくりました。

松下氏は体が弱いから、仕事を他人に任せることができました。貧乏だったから、お金の価値を知っていました。また学歴がないことで、他人の知恵をうまく借りることができました。３つの弱点を有利に使い本当に素直な心を身につけた人だと心から尊敬しました。

逆境を成功の条件に変えた松下氏。私が学んだ偉大な経営者の１人です。

松下幸之助氏が設立したPHP研究所の
研修会に参加した（共同通信社）

従業員中心のセミナー

ブロンコビリーは何をつくっているのか、と問われたら、「人をつくっています」と答えます。次いでステーキやハンバーグもつくっています。

これは、教育はすぐに効果が出ませんが、人の成長は木の年輪と同じで、後戻りは絶対にないと思います。特に外食産業は人とサービスが密接に関わるので、接客の質はサービスの質に直接影響します。外食業こそ教育業である、と言っても過言ではありません。

さて、社長の仕事には「教育、商品開発、販促」の3つがあります。中でも教育は最も重要であると考えており、3店舗ぐらいまでは経営者の目が届きます。しかし、10店、20店と出店できたとしても、教育ができず店舗の都合ばかり考える店舗中心の経営になり、いずれ崩れてしまうでしょう。

そこで前述の通り、出店する前に人を育てることが大切だと、ずっと思っていました。そのために価値観を一緒にしようと、企業理念を創りました。会社は何を実現するためにあるのか、全員がそれを実現したら成功できるのか、働いている人たちが後で振り返って、一緒にやって良かったと思えるか。将来、東海地方屈指の外食産業になることを軸に、毎日、企業理念を唱和しました。

さらに、社長の私が外部コンサルタント主催による能力開発の勉強会に出席。計10回のセミナーには、社員とパートナーのみなさんに参加してもらいました。

セミナーが終わると、夜の食事会です。最終回では、すし屋を貸し切り食べ放題にして、みんなで大いに盛り上がりました。従業員のみなさんには、本当によく働いていただきました。社員とパートナーの区別がつかない、とまでお客さまから褒めてもらいました。

また、創業から15年の間は年12回の給料と年2回のボーナスを手渡しする際に、各社員と面談して、一方的に指示をするのでなく、一人一人の社員に合わせて話を進めてきました。それを23店舗に成長するまで続けてきました。そのおかげで、社員と心が通じ合い、人中心の経営を実現できたと思っています。

今思っても16~20歳、20~22歳くらいの若い社員にはよく働いていただきました。ほぼ毎日のように寝言で社員に話をしていたと家族によく言われていました。

目的　仲間の幸福

目標　5年後の売上目標5億

行動　顧客の満足

昭和56年12月17日記

創業当初の企業理念

社長はえらくもない

「俺は社長だ」と言ってみたところで、従業員はついてきてはくれません。誰よりも自分が一生懸命に働き、従業員との相互理解に努め行動することで、従業員の協力を得ることができるのです。

トミヤマシューズの経験でも、他の人が倉庫作業をしていて、困っている時に自分から手伝えば、自分が困ったときに手伝ってもらえました。

しかしながら、当社には「パートナーがなかなか自分の指示を聞いてくれない」と不満を漏らす社員がいます。その社員はいつも、どんな態度で部下に接しているのでしょうか。

例えば、このような時には、女性が重いものを持っていたら自分が代わりに持つなど、「相手のために行動すれば、相手も自分のために動いてくれるはず」と助言しています。リーダーは利他業であり、困っている、苦しんでいる社員がいたら相談やアドバイスをすること、などと助言をしています。

また、当社には勤続20年以上のパートナーも多く、社員よりも有能な人もいます。彼らに仕事を頼む場合、「上司だから」と考えて命令しても、十分な協力を得られるはずがありません。

さらに、自分から話しかける時も、まず相手のことを中心に話し始めて、相手を理解した上で自分の話を聞いてもらうことにしています。そうすることで、お互いに心が通じ合うようになり、一生懸命に働く従業員が増えてきたと思います。

外食産業は誰でも簡単に始められますが、継続して会社を成長させることは容易ではありません。その方法があるとしたら、自分が一生懸命働くこと、従業員に協力してもらうようにすることです。

この方法は常に自分への厳しさを伴います。それでも、高校卒業後に「完全燃焼して人生を送る」と決意したことや、トミヤマシューズで頑張って働いた経験があったので、踏ん張ることができました。

学校を卒業した時に完全燃焼で生きようと思い、18歳の時に人生の目標設定をしました。卒業の10年後で会社を起業、15年の時には従業員が50人くらいの会社にしようと目標を立てました。高校時代は不得意なことや好きでもない科目も勉強しなくてはいけないが、社会では好きなこと得意なことだけやって成功しようと思いました。このように自分で決めたとおりに生きてきました。

月１回開く店長会議後の懇親会（左から２人目が私）

パートナーもアメリカ研修へ

当社には社員約500人に対し、パートナーが約5千人。長期勤続の優秀な方も多く、社員がパートナーから仕事を教えてもらうこともあります。

パートナーの方たちは愛社精神が強く、守山店が大規模な改修工事をした際には、気になって週2、3回も工事中の店舗を見に来ているほどでした。嫁と姑(しゅうと)で同じ店舗で働くパートナーや、祖母と母がパート、本人がアルバイトと親子3代にわたって働いてくれる家族もいます。仕事は厳しいのに本当にありがたいことです。20年以上、30年以上働いていただいているパートナーは心からのパートナーです。

また当社ではパートナーの勤続表彰をしており、その一つに勤続20年表彰があります。それを目標にしながら家庭の事情のため、勤続19年目で当社を辞めることになり、「もう少し続けたかった」と残念な顔をしていた方、泣いてくれた方もいらっしゃいました。

毎年1月に開催する年頭会議では、多くのパートナーに出会うことができます。

そこでは永年勤続の表彰を始め、一生懸命に働いてくれたパートナーに報いるため、旅行券や家電製品が当たるビンゴゲームを実施。また、作文コンクールの発表も行い、その入賞者には賞金やステーキ肉などを贈っています。

さらに店長の推薦があれば、アメリカ研修に参加することができます。中には「家のことがあるから行けない」とはじめは躊躇（ちゅうちょ）していた方もいますが、せっかくの機会なので「ぜひ」にと参加してもらいます。

このように社員、パートナー区別なく行う研修ですので一緒に行ったメンバーと同じものを見て、同じ料理を味わううちに仲間意識も高まるため、帰国後はそれまで以上に一生懸命働いてもらっています。本当に大切な人たちです。

年頭会議では優秀なパートナーを表彰する（左端が私）

九州での採用活動

25年ほど前、高校卒業生を採用するため、鹿児島、宮崎の両県にある高校を10校ほど訪問しました。当時は10店舗程度の店数であったため、九州での知名度はまったくありませんでした。愛知県は景気が良く、外食に新卒で就職する人は少なかったのです。そのころ、九州で調理科のある高校を知り、求人のためにその高校に行きました。調理科とは外食への就職希望者が行く学科です。

当時、高卒は「金の卵」と呼ばれていた時代。高校の応接室は名高い会社の採用担当者でいっぱいでした。

就職担当の先生が企業の採用担当者の話を聞いてくれる時間は約30分。先生に安心してもらえるように、自社の魅力を伝えなければなりません。

新入社員のために寮を準備し、風呂とトイレ付きの個室がある住居や駐車場を用意、勤続3年程度でアメリカ研修に参加できることなどを話しました。

また、10年で店舗数を50にすることを真剣に語り、先生に共感していただけました。私の話を熱心に聞いてくれたため、面談の予定時間は30分もオーバーし、毎年2～5人の生徒を紹介してもらえるようになりました。

採用後は、先生に名古屋まで足を運んでいただき、店舗で働いている卒業生の姿も見て安心していただきました。鹿児島県にある高校の教頭先生には、名古屋で実施した入社式にも参加していただきました。

自分も高校卒業後にひとりで離れた他県で働くことの寂しさ心細さがわかっていたので、コミュニケーションを多くとってあげたいと思っています。採用できたこともうれしかったのですが、名古屋まで出向いていただいたことに心から感動しました。これは九州出身社員の励みにもなったと思います。

九州の先生方には、当社の採用にとって大きな力になってもらいました。東海地方では少しずつ知名度も上がってきましたが九州の高校では経営者自らが高校を回り、就職担当の先生に直接熱意を伝えることにより理解、共鳴していただきました。会社は人を中心に成長し、その後に店舗が大きくなります。経営は人が中心です。この社員たちが活躍する中で、そう思うようになりました。

最近は当社でも大卒社員の割合が高くなっており、担当者が全国の大学を訪問して、学生の獲得に飛び回っています。

東証1部上場など知名度も上がり大卒や短大が中心になってきました。しかし、良い人に入社していただくにはその人の将来を考え、会社の発展と30年後、40年後も成長し続ける責任を持ち、存続することが大切と考えます。今も外食産業は教育産業だと思っています。

採用活動（自社説明会）の様子

採用で苦戦

2019(平成31)年3月、当社は本社機能を名古屋市名東区から、名古屋駅前の「BBビル」(中村区椿町)に移転しました。名古屋駅西口から徒歩5分、新しいリニア中央新幹線の建設予定地から3分のビルです。関東は千葉、埼玉、東京、神奈川、静岡。関西は兵庫、奈良、滋賀、大阪、京都と広がってきましたので、会議、コンパ、調理会議も集まりやすく帰りやすいことということで名古屋駅近にビルを購入しました

パートナーや社員の努力によって大きく発展することができましたが、40年前は事務所2室しかないうちの一つの部屋をミーティングに使っていました。来客があった時は、外へ出て傘を差しながらミーティングをしたこともあり、働いてくれた人に感謝です。

この時は、外食産業は良い人材がなかなか集まりませんでした。どうしても土曜日曜祝日は休みが取れてないので友人と会う、ガールフレンドと付き合うと仕事が続きません。そのため、「価値観」と「目標」を一致する、これにより生きがいとして感じてもらうため「私たちの使命」と「東海地区屈指の外食産業」という会社の意義価値、明確な目標をつくりました。

これが大きな価値を発揮することになりました。今でいう経営理念と経営目標です。これをだれに教えてもらうこともなく、本当に必要だと考えてつくりました。

これにより、毎月一度仕事を終わって深夜12時まで仕事をし、1時から夜明けの6時まで深夜ミーティングを続けました。今では大変なことですが全員参加、月1回を15年間続けることができました。最初は4人（自分と妻と2人）の会でしたが15年目には社員83人、店舗数13店になっていました。なんのために働いているのか、将来どんな会社にしたいのか、成長目標はどうか、と話し合いました。開店の店があるときは、その店の人は店を守るために欠席ですが、そのほかは全員参加で続けました。それでも深夜ですので15年で一度辞めて、今は昼間に変えて続けています。

本社機能のある「BBビル」(名古屋駅前)

アメリカ研修のスタート

当社幹部研修の特徴の一つに、店長クラス以上を対象にしたアメリカ研修があります。

きっかけは私が35歳のころ、アメリカの外食産業研修に行って本当に感動したことです。まだ日本では外食産業は少し水商売のように思われていたのですが、アメリカでは外食で働いている人が誇りやプライドを持ち、周りからも非常に高く評価されていることです。有名な大学ではホテル・レストラン科などの学部学科もあり、アメリカ人でもなかなか入学は困難なのです。

ブロンコビリーで働く人にも、外食産業で働く誇りとプライドを持って働いていただきたいと思い、35年くらい前から毎年続けています。

この研修だけでも１９００人以上の社員・パートナーが行っており、ＢＳＥ

で経営が苦しくなった時の5年間以外は続け、以後経営が回復し、研修は再開しています。パスポートやファストフード（3回くらい）など、自分のお土産以外は会社で費用は持っており、今はパートナーに研修費が5万円くらい出るようです。サンフランシスコ、ロサンゼルス、ラスベガスの外食（特にステーキハウス）レストランのマネージャーとの質問会。いずれも私たちの大切な行事になっています。

この研修が原点になって、お金と時間をかけても多くの従業員と同じところを見ながら仕事をしていきたいため、研修を続けています。

研修を始めたころは、レンタカーを借り、自分たちで運転して回っていました。今は大型バスでの移動で、主にステーキハウスや成長している店舗を見学し、その店舗の店長や従業員にインタビューをします。研修中の従業員たちの質問にも回答してもらいながら、有意義な研修を続けています。

そのほかにもショッピングセンターやスーパーマーケットも視察しています。各地に足を伸ばし、２０１８（平成30）年は大リーグ・エンゼルスの大谷翔平選手の応援にも行きました。

帰国後は、一緒に研修期間を過ごした仲間としての連帯感が生まれますし、各自が学んだことを実践してくれています。

アメリカのレストランを視察

「フィロソフィレポート」

2013（平成25）年8月。足立梅島店（東京都足立区）の男性パートナーが厨房の冷蔵庫に入った姿を撮影し、インターネット上に流してしまいました。

そのことについて、お叱りの電話やメールが1日に300件。オープンして1年半ほどで、売り上げも伸びてきた店でしたが、私は思い切って決断し、事件の6日後にその店を閉めました。

他の従業員とは泣きながらお別れ会をし、会社も大きな代償を払いました。その青年は「興味半分でやってしまった」ことを反省し、母親と一緒に謝罪しに来ました。

創業以来、企業理念を持って経営をしてきましたが、この件により、それが本当に伝わっていないと感じました。

そこで、企業理念を浸透させようと、私が過去30年間に話したことをまとめた「フィロソフィ手帳」をつくりました。従業員に1冊ずつ配布し、毎日その手帳に書いてあることについて、各店舗で読み合わせや意見交換をするようにしました。

さらに毎月、全従業員にその手帳を読んで感じたことを書いてもらっています（フィロソフィーシート）。老若男女、外国人を含めさまざまな人が仕事の中で壁にぶつかり、不安の中で、企業理念と照らし合わせながら自分の考えを発表しています。

中には日本語を読み書きできる息子に手伝ってもらって、自分の意見を投稿してくれる外国人のパートナーもいます。

そして、それらをまとめた冊子「フィロソフィレポート」を毎月発行しています。貴重な意見や感動的なエピソードが盛りだくさんで、優秀作品も選んでいます。その選考には社長の克弘も関わっています。

レポートを書いたり、読んだりするだけでは、フィロソフィ手帳の全項目を実践できるわけではありませんが、実践しようとする意識は高まります。

足立梅島店の件は本当に残念でしたが、これによって、よりつながりの強い会社になったと確信しています。

哲学を持って経営をする、経営には哲学（思い）を持つことが重要と心から確信しました。

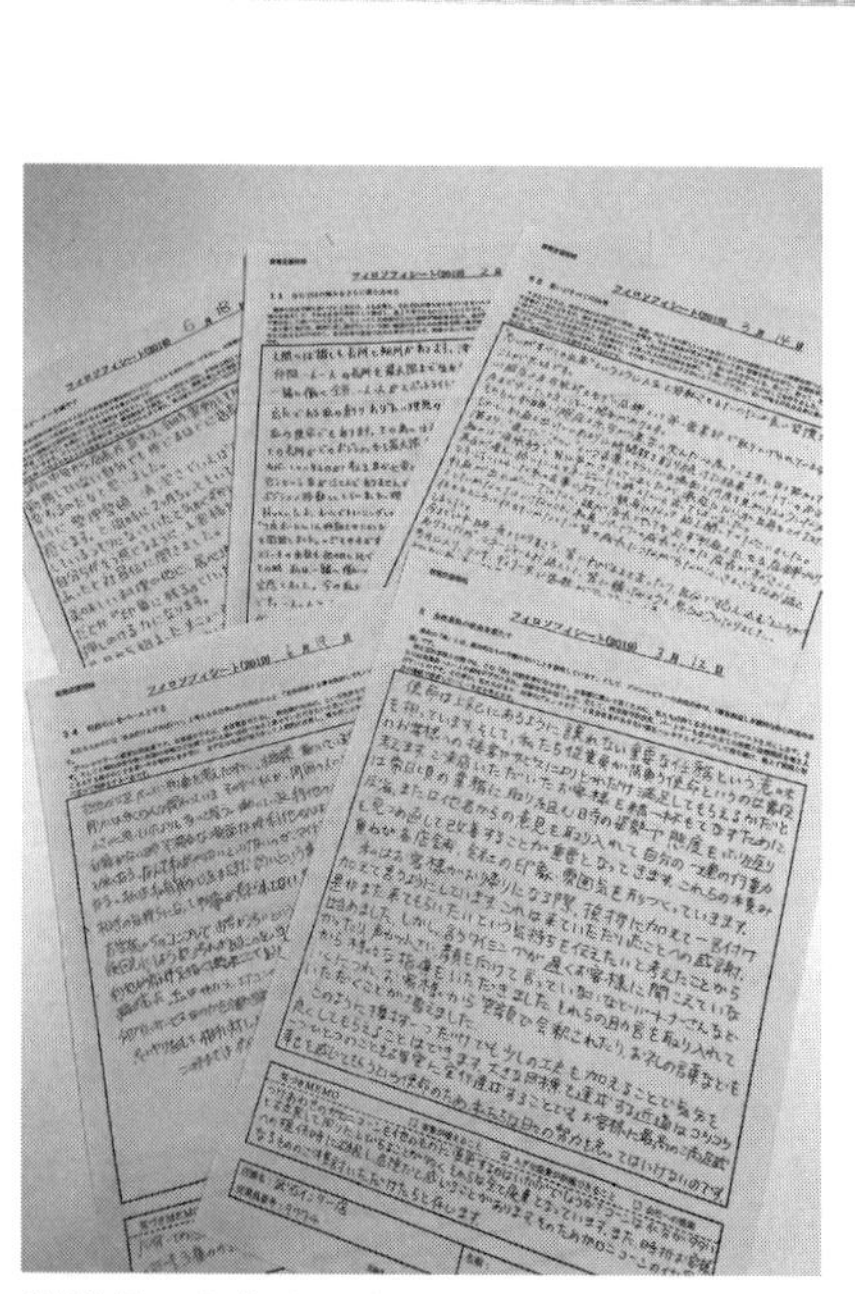

従業員から集まったフィロソフィーシート

企業理念と行動指針

全従業員に配布したフィロソフィ手帳から、企業理念と行動指針を毎朝、全員で唱和してもらっています。パートナーも全員が暗記しています。

それが日々の職場で生かされ、血となり、肉となって、行動し、お客さまに伝わることで本物となります。まだ十分に実現できていないところもありますが、これを続けていきたいと考えています。

この手帳を数回読んだだけではブロンコビリーの企業理念と行動指針は暗記できません。なぜなら、2ページにわたって記されているからです。

「企業理念は冊子にまとめて毎日唱和し、行動まで一致させないといけない」と稲盛氏はおっしゃっていました。

また私が〝兄貴〟として慕う、静岡県内で展開するハンバーグレストラン

「さわやか」（浜松市）の創業者・富田重之氏は、同社の企業理念「さわやかイズム」を何百回と話されています。その話す姿からは、何度聴いても情熱が伝わってきます。その情熱が従業員に伝わっているからこそ、「さわやか」は静岡県で大変繁盛しているのでしょう。

ブロンコビリーの企業理念の中で最も大切にしているのは、「全従業員の物心両面の幸福の実現」です。

これは、経済的に貧しいと、いつも生活を心配しなければいけませんし、物質的に満たされていても心が貧しければ決して幸福にはなれません。という意味です。この企業理念をしっかり浸透させ、ブロンコビリーに関わる全員に喜んでもらえる会社にしたい、といつも考えています。

会社は10年に1度、大きなピンチが必ず来ます。また5年に1度は、中程度のピンチが来ます。企業理念の実現を図り、どんなピンチも乗り越えられる会社をつくりたいと思っています。今まさに10年に一度が来る予感がします。これをチャンスに変えていきます。本当にいいときより厳しいときの方が多い、いい会社を続けることは難しい。いいときに油断しない、悪いときは必至で努力する、いいときが一番怖いのです。

いつでも確認できるよう、企業理念が書かれた
「ブロンコビリー　フィロソフィ手帳」

店長会議

当社には25歳くらいの若い店長がいます。彼ら、彼女らにとって、社員3、4人とパートナー30~40人を束ね、年商1億5千万~2億円を達成するのは、決して楽なことではありません。パイロットが飛行機を操縦するくらい大変なことです。お客さまに喜んでもらい、再度来店してもらうことは、私が店長であっても一筋縄ではいきません。

これについて、当社の店舗は一般の外食チェーンに比べ、規模が大きいという特徴があります。1店舗当たりの規模は席数が126~136席。さらに20種類もの食材を用意するサラダバーや大かまどで炊くごはんなど、手間がかかるメニューばかりなので業務工程が多く、従業員の連携がサービスの質を大きく左右します。それだけに、この全てを管理する店長の負担は重くなります。

その難題に取り組み、少しでも店舗を改善しようと、名古屋駅近くにあるビルの会議室で店長会議を毎月実施することになりました。

全国からエリアマネージャー、店長に集まってもらい、総勢200人規模の会議になります。また、2019（令和1）年7月から、東海・関西エリアは名古屋、関東エリアは東京で会議を実施。なお、会議では成功している店舗の店長から話を聞き、各店舗の業績を確認し合って切磋琢磨する。その中で店長は経営能力を高めていきます。

そして、店長会議が終わる午後6時から2時間ほどは食事会があり、酒を飲み食事をしながら私と克弘が各テーブルを回って、社員からの相談に答えています。最も多い相談は人間関係について。各店長ともリーダーとして、社員、パートナーに協力してもらうことには苦労しているようです。母親くらいのパートナーや外国人のパートナー、年齢の近い方からの信頼をもらい、店を経営することは大変なことです。

特に最近気になるのは、言うべきことを言えない店長が増えていること。最初に注意できないと、それが大きな問題に発展してしまいます。

例えば、誰かが遅刻し、その時に注意しないと、他の人も遅刻してくるようになります。悪いことが広まる前にリーダーはきちんと対応すべきです。リーダーは勇気を持って言うべきことを言わなければなりません。

大学や短大を卒業して日が浅い若い人が店長を務めることは、難しい面があります。しかし、それを乗り越え、大きく成長していってほしいと願っています。

毎月開く店長会議

年頭会議

毎年1月に当社では店長会議と同じ場所である、東海・関西エリアは名古屋、関東エリアは東京、各店舗のパートナーと社員、4月に入社予定の内定者が集まる年頭会議を行います。この日はパートナーが主役で、社員がサービス係としておもてなしをします。

また、私と社長克弘が会社の方針を伝える重要な会議でもあります。世界経済の流れから、当社の現状までを話し、利益を出すために顧客満足度の向上に努めることを全員にお願いします。

さらに、勤続表彰も行います。勤続5年からが対象になり、8、10、20、30年ごとに表彰します。現在、勤続30年以上というパートナーが4人おり、私よりも年上の女性パートナーがいます。本当にブロンコビリーが大好きな仲間がたくさんいて、この人たちは同志です。

他にも、店舗の代表者が壇上に立ち、働く中で感動したことを紹介します。働き始めたころはお客さまに叱られてばかりだったけど、「あなたがいるから、この店に来るんだよ」と褒められて、うれしくて、働く意欲が出た――。店舗の先輩を目標に働いてきたが、後輩が入ってから、自分が後輩の目標になることを意識して働くようになった――。

こうした感動的なエピソードに触れられるのが、年頭会議の楽しみでもあります。

そして立食パーティーになると、一気に場が和み、しばらく顔を合わせていなかった元店長とパートナーの団らんが続きます。私たち夫婦も、一緒に働いた仲間と久しぶりに会うことができ、私たちにとって年頭会議の日こそ本当の正月であると思っています。

パーティーではビンゴゲームがあり、パートナーと内定者が対象で総額700万円ほどの景品を用意し、旅行券、テレビなど豪華賞品がそろっています。

こうして楽しい時を過ごした後、各自持ち場に帰って、より一層働いてもらっています。

2019（平成31）年はホテルナゴヤキャッスルと品川プリンスホテルで実施。2カ所で約3000人が出席しました。経費はかかりますが、年頭会議で心を一つにして、会社の成長につなげていきたいと考えています。

年頭会議で会社の方針を伝える私

社員一人一人と対話

外食産業は教育業と考え、40年以上前にステーキハウスを創業しました。始めのころは、従業員にどう対応するべきかわからずにいました。

そこで創業15年までは各社員に手渡しで給料を払っていました。店は早番、中番、遅番と出勤時間が違うので、月3回のペースで店を訪ねなければなりません。

給料日は毎月10日。その5日前から、私は給料を払いに店を回りました。店に行く前に、一人一人の社員を思い浮かべ「最初に何を話そうか」、給料を机の前に置き、社員の表情を見ながら、相手中心の話から入り、期待していることを伝え、さまざまな話題を口にして、忙しいときには肩を叩き、心と心の綱をつくるようにしました。

毎月の給料と年2回のボーナスを合わせて年間14回、同じ社員を訪ね、社員の現状を見ていたことになります。これを15年間続けました。

当時の社員は16~22歳と若い人が多く、本当は遊びたい最中であり、経験が浅くて大変だったと思いますが、私の思いに応えて、本当によく働いてくれました。また、「会社を辞めたい」と言う社員がいると、私はその社員を本社に呼ばず、自分から会いに行き、相手の事情を聞きました。

なお、18、19歳は遊びたい時期であり、精神的に不安定になりやすいこともあるので、特に配慮しました。自分から訪ねて話をすると、70パーセント程度の社員は退職を踏みとどまってくれました。相手の性格や癖も一層よく知ることができ、人を見る力や信頼関係のつくり方など、学ぶことが多かったと思います。

こうしたことを継続してきたのは、外食産業は人が中心で、人がいないと運営できないと身に染みて感じていたからです。1993（平成5）年には、23店舗、社員83人の会社に成長しました。

この時期には毎月、閉店後に全社員が大曽根店に集まり、深夜1時から朝6時までミーティングも開いていました。企業理念や会社の将来について、大いに意見を交わしたものです。

最も楽しく仕事ができ、会社も成長したのは、この時代でした。

社員に積極的に話し掛け、関係を深める

道が開ける

30代半ばごろ、さわやかの富田氏を訪ねました。雑誌「月刊食堂」に掲載されていた富田氏の「目標を持って仕事をやる」という経営姿勢にひかれたからです。何度も会社に電話し、ようやくアポイントを取り付けました。

喫茶店とブロンコは妻に任せ、当時5歳の克弘と二人で訪問。富田氏は「子どもを連れて来たのは、あなたが初めてだ」と驚いていました。

富田氏は若い時に結核を患い、約10年入院されていました。当時は結核で亡くなる人が多く、結核患者は「もう長く生きられない」と死を覚悟していた人が多かった時代。その艱難(かんなん)辛苦に耐えた中で自分と向き合い、「地域一番店」の目標を持って堅実経営を続けてこられたのだと思います。

富田氏は、優れた経営コンサルタントや経営者の仲間を紹介してくれました。アメリカを視察した際にも、ホテルの同じ部屋で、いろいろなことを教わりました。中華レストランチェーン、五味八珍（浜松市）の創業者、故渡瀬淳三氏や東京のコンサルタント、榊先生と知り合えたのも富田氏のおかげです。

榊先生のあふれる情熱に動かされ、そのアドバイスを受けに行くときは、私が名古屋から、富田氏と渡瀬氏が浜松から新幹線に乗り込み、3人同じ車内で色々な話をしながら東京に向かいました。

また、富田氏とお会いして帰った後は必ず電話がかかって来て、2時間半くらい色々と教えてもらうことがありました。

この3人の先輩に出会えたことが、ブロンコビリーの将来を決めたのだと思います。

人の運は人との出会いによって決まると思っています。

まだまだ小さな会社の時に外食産業の素晴らしい先輩に話を聞くことによっ

て素晴らしい時間を共有できたこと、この3人に心から感謝しています。

左から富田氏、渡瀬氏、私

青年経営者研修塾

経営者として成長し、もっと会社を発展させたいと思い、１９８４（昭和59）年に菊水化学工業の創業者、遠山昌夫先生が主宰する青年経営者研修塾「青経塾」に入塾させていただきました。遠山先生が、「若い経営者たちが人間としての生き方、経営に対する方策を学ぶ場」として74（昭和49）年に開講されたものです。

入塾させていただきましたが、そのころの当社の売上高は2億円と小さな会社でした。それが２０１８（平成30）年は２２０億円にとなり、大きく成長をさせていただきましたが、あの時に青経塾に入っていなかったら、このような成長はなかったと思います。

また遠山先生は、公私ともに生きるための先生です。経営の指導を受け、講演ではいつもノートに7ページも書きとめるほど勉強させていただきました。ひとつでも多くのことを学ぼうと、事前に考えた質問をノートにびっしり書き、遠山先生に尋ねていました。

ほかにも青経塾では滝に打たれるなど、貴重な経験をさせてもらいましたが、青経塾の仲間からも大いに刺激を受けました。塾生との懇親会で仲間の1人が「わが社は将来上場する」と言い出したのですが、そばにいた1人も「自分も上場する」と言い出したのです。私もつられるように「上場を目指す」と宣言しました。

そうした仲間3人での宣言がなかったら、青経塾にいなければ、今のような売上高を実現することも、東証・名証1部に上場することもなかったと思います。目標を持って経営に当たれるようになれたのも、青経塾の仲間からの刺激を受けたからだと思います。

青経塾は3年間で卒業しますが、遠山先生には、当社の社外監査役として二十数年、手引きしていただきました。

本当にいつ、当社がつぶれてもおかしくなかった時もありましたが、いつも心から励ましていただき、苦しい時もつらい時もアドバイスをいただきました。本当に人生の恩人であります。普通、いい時は付き合っていただけるが、悪いときは逃げる人もいるのに公私生きる道、経営道といろいろ指導いただき、この塾なしにブロンコビリーを語ることはできません。「知行合一」という陽明学の考えがあり、知っていても行動にしなかったら意味がないと言われました。知っているだけなら知識になる、行動すれば知恵になるのだと教えてもらえました。

青経塾の卒業式であいさつする私

盛和塾に入る

ジャスダック上場の少し前、大日本印章の創業者、村松俊三氏の紹介で、稲盛和夫氏が塾長を務める経営者研修会「盛和塾」に、克弘とともに入塾させていただきました。親子同時の入会は、盛和塾の中でも少ないようです。親子で稲盛氏の空気を吸わせてもらいたいと思っていました。

入塾のきっかけは、現在の自分の実力では、ジャスダック上場を維持するだけで精一杯と考え、もう一度勉強し直そうと決意したことです。

安岡正篤氏や中村天風氏の著作も大いに参考になりましたが、現役で活躍されている方から直接学びたかったのです。

入塾前から、稲盛氏の著作は何冊か読んでいました。中でも「値決めは社長の仕事」という言葉に感銘を受けました。経営では値段の付け方によって、将来の利益が決まります。商品の付加価値、差別化、自社の強みを生かしながら、お客さまに喜んでもらえる価格を決めることが、「会社の将来を描くことにつながる」のです。値決めによって会社の未来を決定できることを稲盛氏から学びました。

入塾後には、「経営者の心を高めて経営を伸ばす」ことを教えられました。経営者の人間性を高めることで、多くの人の協力を仰ぎ、自然と会社の業績が伸びていくという考えです。私は毎回、盛和塾で自分の能力のなさ、未熟な人間性を克服することを克弘とともに学んでいます。

また、稲盛氏に直接お会いする機会もありました。アメリカ・ロサンゼルスで盛和塾の勉強会が開かれた時、午前5時半にホテルのレストランに入ったら偶然、稲盛氏が1人で朝食を取っていらっしゃいました。

私は稲盛氏に近づき、経営破綻したＪＡＬの再建について尋ねました。この原因としては、当時のＪＡＬはパイロットがタクシーで移動するなど、危機感が全く欠如していたそうです。

そこで稲盛氏はまず、ＪＡＬの現状を社員に自覚させ企業理念を浸透させることで、社員の心を一つにまとめ上げていきました。そして乗客が少ない路線に小型機を導入するなど、路線ごとに利益が出る体制を構築していったということです。非常に興味深いお話でした。

稲盛氏は科学者でありながら経営者としても優れている人格者であり、最も尊敬する経営者であります。

経営者に大きな影響を与えている稲盛和夫氏（共同通信社）

読書の習慣

私は社会に出た後で、大変悔しかったことがあります。それは高校時代に全く努力しなかったこと。そこで人生の目標を設定しました。この10年後に創業し、20年後は従業員100人以上の会社に成長させる、というものです。そのために、努力と仕事、読書を他の人の1・5～2倍しようと誓いました。これからは決して後悔しない人生を送る、と決意しました。

この目標から、自分の人生を変えることができたと思っています。18歳から住み込みで働いたトミヤマシューズでも、期待される社員になれたと自負しています。

また、父の会社に入ってからも、商売人として父を超えるという意識を持って働きました。父も若い時に住み込みで丁稚奉公をしていたので、父に批判的な意見を述べ、「家を出ていけ！」と言われたこともあります。

実家を出て、祖父母の家でお世話になりながら毎日、愛知県図書館に通いました。経営関係の本を2冊、推理小説などを2冊、毎日読んでいました。後にその読書の経験が商売に役立ち、歴史や古典から学ぶことの大切さも身に染みて感じています。この図書館通いは1年間続きました。

中でも西郷隆盛も読んだといわれている佐藤一斎『言志四録』には「青年の時に勉強すると、壮年になった時に生き生きする」と書かれています。

これは私が壮年になっても生き生きと働けるのも、青年の時に読んだ本が大きな力になっています。その他にも、松下氏、稲盛氏、安岡氏らが、私の思想遍歴に大きな影響を与えてくれました。

毎朝、新聞を5紙読んでいますが、時間があれば読書をしています。私はさまざまな経験を積んできましたが、こうした経験を内省するのに読書は最高のツールです。今後も経験と読書を組み合わせ成長していきたいと考えています。

また、社会は得意なこと、好きなことをして生きていける。もし得意なこと、好きなことを仕事にして人生を送れるとしたら、自分の人生は成功だったと思います。

愛知県図書館で読書に集中した

最高の伴侶

喫茶店とブロンコを経営していた時、仕事は大変でしたが、同時に結婚適齢期にさしかかっていました。相手の条件は一つ、両親や従業員とも仲良くやっていけること。

なぜなら、こうして独立できたのは、トミヤマシューズに私を入れ、喫茶店経営を任せてくれた父のおかげ。いま、自分が経営者として働けるのは従業員がいるから。私の伴侶になることは、私を今後も支えてくれる人たちの仲間入りでもあるからです。同時に自分にはない、人間的な魅力があると思いました。

そう思って、縁談に臨むこと31回。

人生には三つの大切な行事がある。生まれてくること、死ぬこと。結婚することであると考え、生まれてくること死ぬことは自分で決めることができない。だから結婚を大切に考えました。

なかなか伴侶に出会えない中、丸紅のＯＬだった啓子（当時25歳）の心を射止めることができ、結婚することになりました。

彼女は性格が私よりおおらかでした。外国語が堪能な社員が多く華やかなイメージの商社に勤務していた彼女と違って、私は目が覚めている時はほとんど仕事に集中していました。

相手の女性には自分にないものを持っている人、明るい人が良いと思っていました。それでも一番厳しい経営の時も明るく、一番の応援者・協力者同士とやってくれています。

夫婦になって45年以上過ぎました。妻は献身的に私の仕事を手伝い、現在でも商品開発室長として会社に尽くしてくれています。２人の息子にも恵まれ、最高の伴侶に出会えました。また、私は一人ではできないので妻の協力を得てやってきたこともあり、妻を戦友とも思っています。

妻、啓子とのツーショット

ご馳走レストラン

ブロンコビリーは「ご馳走レストラン」に挑戦しています。

ご馳走レストランとは珍しい食材や旬の食材を使い、世界中から食料を探し、おいしい料理を提供して、お客さまに喜んでもらうレストランです。

友人、家族、恋人と一緒に来て、「また来店したい」と思っていただける店をつくりたいと考えています。

そのために国内外から珍しくておいしい食材を集めています。

トマトは11月から翌年5月までは熊本産を、その他の時季には福島や岐阜にある畑に行き、直接見てから仕入れます。季節に応じて、最も旬な産地を選んでいます。

また、日本人の主食である米は新潟県魚沼産、その中でも最もおいしいと思う津南町から仕入れています。サワガニが生息するほど、きれいな水で育った米を使っています。価格は一般の米に比べ8割ほど高くなりますが、「日本一おいしい」という自信を持って、お客さまに召し上がってもらっています。

牛肉の仕入れ先はアメリカ、オーストラリア、ニュージーランド、ウルグアイなど。すべて産地の牧場や加工工場を訪ね、品質、土壌、衛生管理をチェックします。

ブロンコビリーは炭焼きのハンバーグとステーキ、大かまどで炊いたごはん、サラダバーといった手間がかかる料理を提供しています。

サラダバーはピーク時間帯に合わせて野菜をカットして用意します。トマトやロメインレタス、タマネギなどに加え、季節のサラダを年に5回変更して出しています。

このように、お客さまに自信を持って最高のご馳走を提供するために、私たちは努力を惜しみません。遠くまで出掛け、自分たちの目で見た確かなものだけを届けています。

私たちの「ご馳走レストラン」の旅は、これからも続いていきます。お客さまにも三度来店していただくと感激感動は薄れてしまいます。もっともっと進化成長感動を届けられるブロンコビリーを目指していきたいと思っています。

新鮮な野菜を提供するサラダバー

ピンチは時代のサイン

マイウェイも最終回になりました。振り返ってみると、高校を卒業した18歳の時に20年後は100人以上の人が働く会社を絶対につくると決心して、と夢を描いてから、半世紀以上が経ったことになります。

私の夢の実現に、多くの仲間が加わってくれたことは、本当に幸せなことでした。

31歳の時のことです。名古屋・栄の丸栄スカイル（当時）で、高杉晋作の掛け軸が売り出されていました。高杉は吉田松陰の松下村塾の門下生です。「これを買わないと、俺の将来はない」と、その場で40万円もする掛け軸を買いました。

大金をはたいてまで欲しかった理由は、27歳の若さで死去した高杉の大きな

志に触れたいと思ったからです。高杉に触発され、
「俺は32歳にもなってよく繁盛するとはいえまだ喫茶店1店である」
と思い、自分ももっと頑張れるはずだと心の中で言い続けました。いつもその掛け軸を眺めては、当時のまだ喫茶店を1店舗しか経営していなかった自分を奮い立たせていたのです。

また、さわやかの富田氏、青経塾の遠山先生、盛和塾の稲盛氏から多くのことを学ばせていただきました。加えて、故大塚君と一緒に仕事ができたことは、私の誇りです。

外食産業は10年に一度、必ず大きな変化の波がやってきます。それをチャンスにするか、ピンチにするかは、会社次第です。みんなで覚悟して、今後到来するであろうという波に向かいたいと思います。

ブロンコビリーも2001（平成13）年のBSE問題、08（平成20）年の

リーマンショックといった大波を乗り越え、ピンチをチャンスに変えてきました。大きなピンチは、大きなチャンスにもなります。ブロンコビリーは強い会社になったと自負しています。

ピンチは「時代が変わる時期ですよ、脱皮する時ですよ」という合図。次の大きなチャンスに続く道でもあります。

私は多くの欠点を持っていますが、今後もピンチをチャンスに変えるために挑戦し続ける覚悟です。本書をお読みいただいた方々に、感謝しながら筆を置かせていただきます。

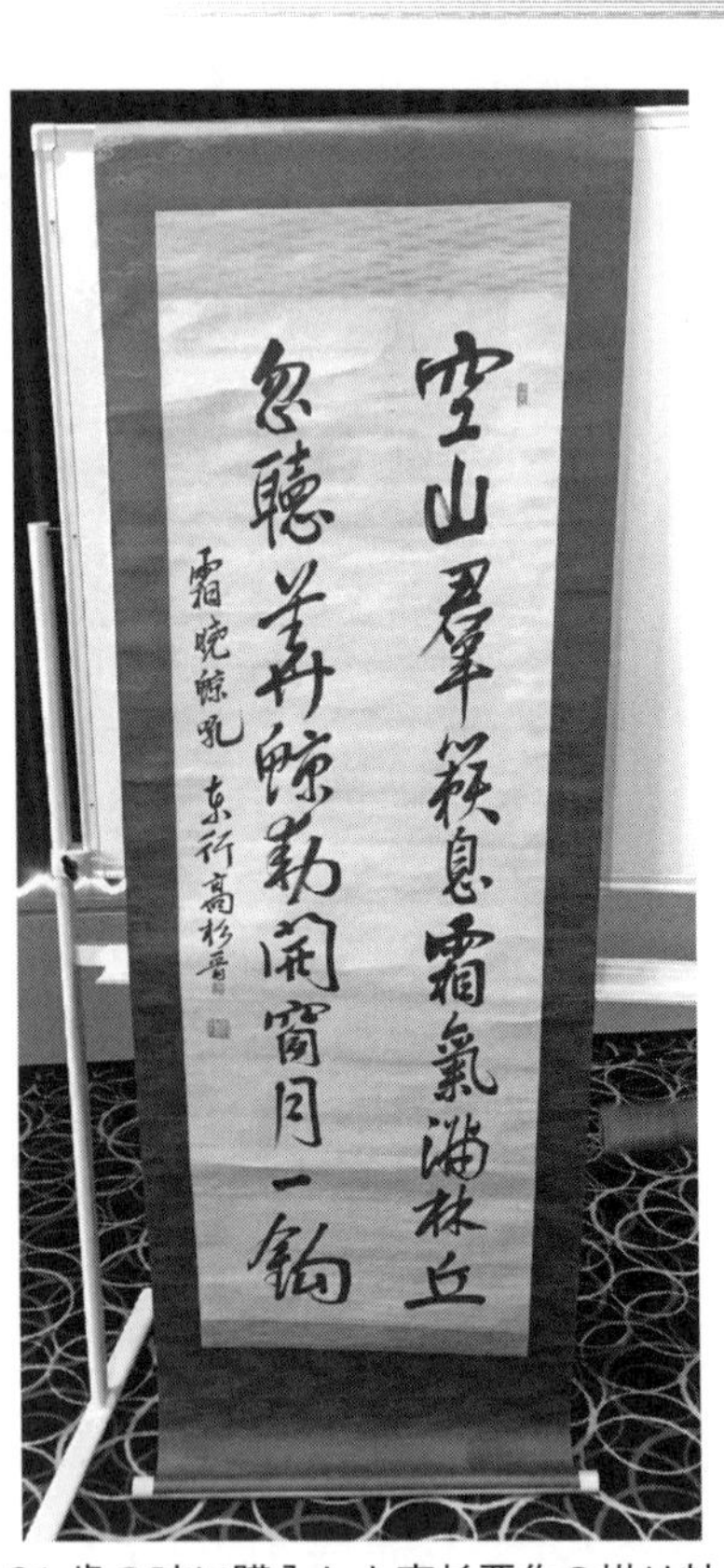

31 歳の時に購入した高杉晋作の掛け軸

あとがき

中国の言葉に「無名有力」「有名無力」という言葉があります。私はもともとそんなに実力も大したこともないのにたくさんの人に教えてもらい、運よくブロンコビリーを創業し続けることができました。

みなさんの前で話をすること、ましてや自分の人生を新聞に連載させていただくことは恥ずかしい、本物の人間的にも能力的にも実力がある人が載せさせてもらうものと思っていました。

中部経済新聞の恒成さんが社長になられて、連載を頼まれましたが3回ほどお断りをしました。今から40年くらい前、自分も5店舗くらい店を経営していたころ、恒成さんも20代の新聞記者でいろいろなことを教えてもらっていました。その恒成さんが社長になられて、4回目に声を掛けていただき、これは引き受けねばと思い、連載させていただきました。

平凡な人間がだれでも「少しの運」「少しの努力」「いい友人」「少しの勉強」をすればと思い、若いときから志（目標）を持ち、熱中してきた人生に感謝を込めました。人生は努力する価値があり仕事で成長できると思います。

他の立派な経営者と違い志を持ったことで、もう少しいい会社になれたら、と反省はありますがたくさんの先輩や友人、社員の人たち、本当に誇りと思える素晴らしいパートナーや取引先、株主の方たちに支えられてやってまいりました。

ブロンコビリーには宝物みたいな仲間のパートナー、社員、幹部がいます。末筆ながら、読んでいただいた皆さまには心より感謝いたします。

次の時代は皆さんが素晴らしい未来にしてください。この意味を込めて、『夢に夢中』とさせてもらいました。

自分と妻の啓子と二人三脚でやってきて、戦友の啓子にはお礼を言って締めさせていただきます。

２０２０年６月吉日

筆　者

＊本書は中部経済新聞に平成31年3月1日から同年4月30日まで五十回にわたって連載された『マイウェイ』を改題し、新書化にあたり加筆修正しました。

竹市 靖公（たけいち やすひろ）

1943（昭和18）年、愛知商業高校卒。69年「喫茶トミヤマ」創業。78年ブロンコビリーの前身、「ステーキハウスブロンコ」を開業。83年法人化し、社長に就任する。2013年から代表権のある会長。
名古屋市出身。

中経マイウェイ新書　047

夢（ゆめ）に夢中（むちゅう）

2020年7月10日　初版第1刷発行

・

著者　竹市（たけいち） 靖公（やすひろ）

発行者　恒成 秀洋　発行所　中部経済新聞社

名古屋市中村区名駅4-4-10　〒450-8561
電話 052-561-5675（事業部）

印刷所　モリモト印刷株式会社　製本所　株式会社三森製本

ISBN978-4-88520-227-8